LAS PERIPECIAS DEL RECLUTAMIENTO

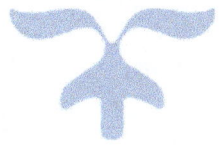

Recuento de los Desafíos del Proceso de
Reclutamiento y selección de Personal

LA ESQUINA DEL ESCRITOR
EDITORIAL
AUTOPUBLICACION

LORÈ GONZÁLEZ, PHD

EDITORIAL
AUTOPUBLICACION

Maquetación: Sonia de Juana
Corrección: Sonia de Juana

La Esquina del Escritor Editorial de Autopublicacion
Primera edición: Enero 2024
ISBN: 9798877223899
Edición especial para Amazon.

DEDICATORIA

*E*stoy sumamente agradecida de poder contribuir y compartir de mi experiencia. Primero, porque lo considero una bendición. Es la oportunidad de dar por gracia lo que por gracia hemos recibido. Segundo y agraciadamente, creo que nada sucede por casualidad. Una persona que me ayudó mucho en el desarrollo de mi tesis me dijo: "haz un trabajo que sirva para ayudar a otros". He visto la pertinencia de este tema para los tiempos que corren, de manera que este escrito se lo dedico en particular a los especialistas de recursos humanos (directos e indirectos), por quienes siento mucha admiración. Sé que cada gestión por parte de este grupo de colegas es de suma importancia a la organización. Esta profesión es en realidad un asunto de vocación.

Recursos Humanos es una de esas áreas de estudio y trabajo que llegan a desarrollarse en varias disciplinas. Somos el complemento de la operación en muchos sentidos, tanto procedimentales como económicos, estratégicos y psicológicos. Por esta razón les dedico el presente texto. Es mi deseo que lo que aquí comparto pueda ayudar a entender la compleja dinámica que día a día manejamos cuando ejercemos nuestras funciones. No debemos pasar por alto la multiplicidad de responsabilidades de los profesionales de recursos humanos. De igual forma debemos tenerles en alta estima porque somos a quienes se debe procurar como socios estratégicos con una responsabilidad social y emocional sobre la estructura del capital humano de toda empresa.

Todo lo que sucede en torno a una organización envuelve a recursos humanos, y en muchas instancias, la gestión de reclutamiento es el inicio de muchos procesos de desarrollo organizacional y operacional. En fin, por todas las formas en que somos Recursos Humanos dentro y fuera de nuestra organización (nuestra segunda casa): mis respetos y sincera admiración a esta profesión.

Les dedico lo que pretende ser una oportunidad de compartir un poco de nuestros retos, momentos únicos por los cuales atravesamos en esta labor que se llama reclutamiento. Mi esperanza es que lo disfruten, y que se puedan identificar con las descripciones de cada proceso.

En adición, las explicaciones de cada paso de los procesos pueden asistir a los empresarios pequeños y medianos que no necesariamente cuentan con profesionales de recursos humanos en su operación. Las etapas del proceso de reclutamiento que aquí se detallan, ayudarán a visualizar de manera sencilla los retos de esta difícil tarea.

ÍNDICE

DEDICATORIA...5

OBJETIVO..9

PRÓLOGO 11

Introducción... 13

Historia del proceso electrónico........................... 19

Primer paso - Branding 25

Atraer a los candidatos.................................... 31

Administración de los datos 39

La preselección de candidatos 43

La selección de candidatos.................................49

La contratación..55

Retención 67

Reflexión sobre la estrategia de reclutamiento y selección 74

Experiencia aplicada 78

Referencias 81

Sobre la autora 85

OBJETIVO

$\mathcal{E}$l interés principal de compartir esta información es poder comunicarle la importancia del área de recursos humanos a la mayoría de los empresarios jóvenes, nuevos empresarios y pequeños comerciantes, así como a quienes no tienen propiamente un departamento para estas tareas o no han considerado la necesidad un especialista en su operación. Mi intención es brindarles conocimientos que dejen evidentemente claro que trabajar con personas es arduo y complejo. Dejarles ver que contratar a las personas correctas es difícil y mantener interesados a los empleados requiere empeño y dedicación. Me interesa además borrar esquemas o los "clichés" que han aceptado, relativos al reclutamiento: no debemos aceptar que "los jóvenes de hoy en día no tienen el mismo compromiso de antes", que "la gente no quiere trabajar", ni que "los empleados no duran un año".

Cuando aprendemos sobre los principios de un proceso y entendemos el trasfondo histórico de las nuevas generaciones, comprendemos en qué consisten las diferencias y cómo establecer requisitos dentro del proceso de reclutamiento dirigidos a beneficiarnos; entonces aceptamos lo distinto y logramos mejor receptividad a los cambios, a las nuevas tendencias.

Nos identificamos con la razón de ser de algunas decisiones de los candidatos, vemos los beneficios de adaptar a nuestra operación la programación correcta de los sistemas y de la tecnología. Entender nos permite dar lugar a los cambios con una mejor actitud y nos dispone a recibir información con la que formulamos las modificaciones internas en nuestra operación. Se abre la receptividad a las nuevas modalidades y empezamos a verlo como una oportunidad. Dejamos de resistir los cambios.

PRÓLOGO

Los que trabajamos en el área de Recursos Humanos y le brindamos servicio a todos los empleados de la organización, sabemos lo que se produce cuando un cliente interno nos llama y nos dice, por ejemplo: "La vicepresidenta de finanzas renunció y necesitamos reemplazar su puesto YA". Ahí comienza nuestra peripecia: un suceso que afecta altera o rompe el transcurso o la continuidad de un suceso.

Para la autora de este libro reclutar es como repasar una serie de pasos hacia la decisión crucial de las relaciones interpersonales. Esos pasos llegan a tu cabeza como una película y comienzas a repasarlo con el cliente para ambos moverse a la acción y lograr un reclutamiento exitoso en el menor tiempo posible. ¡Vaya que peripecia!

Hoy tengo el placer y el honor de presentarte el libro de la Dra. Lorè González. En este nos hace un recuento sobre los retos que presenta el proceso de reclutamiento y selección de un candidato. He encontrado que es una pieza súper fácil de leer y entender. Contiene estadísticas que te ayudan a conocer cómo es visto el reclutamiento desde la perspectiva de la empresa y del candidato. También nos comparte un poco de historia, dándonos información de dónde surge reclutamiento y nómina.

Siempre he sido del pensar que atraer para que un candidato quiera pertenecer a una empresa no sólo depende del agente reclutador, como le llama la autora, sino que tiene todo y más que ver con la empresa a la que escogería el candidato venir a trabajar. En este libro se discute la importancia de convertirte en un empleador sólido para que tu marca haga que los candidatos quieran trabajar allí. Además, comparte cómo lograr posicionarse como una marca empleadora sólida.

Donde esta pieza terminó por enamorarme fue cuando encontré soluciones. Aquí no solo encontrarás la enumeración de los retos al reclutar, sino que también te comparte sugerencias de qué hacer para mitigar un alto por ciento de rotación, por ejemplo.

En fin, tendencias de atracción y retención de candidatos, empleos de mayor demanda, retos mayores para atraer candidatos y mantenerlos lo encontrarás en esta pieza que de seguro apreciarás leer. Ya sea que estás comenzando en esta hermosa profesión de los recursos humanos o si llevas mucho tiempo en ella, este libro puede ser de inspiración para que te empoderes a convertirte en todo un socio de negocio estratégico.

Dra. Yessicca Fargas

Career and Executive Coach

Organizational Development Business Consultant

President & CEO – YFG Professional Development Consulting

INTRODUCCIÓN

*E*n la actualidad, el proceso de reclutamiento ha recorrido un largo camino. Ahora, en su inmensa mayoría, es un proceso electrónico con muy poco contacto directo. En el mejor de los casos, culmina con una entrevista presencial que a veces se realiza de forma virtual.

En este panfleto estaré compartiendo mis estudios, conocimientos, experiencias y las múltiples conversaciones que tenemos los especialistas de Recursos Humanos sobre la evolución de estos procesos.

La pregunta que siempre queda sobre el tintero, la duda razonable: si esta fórmula que conocemos como proceso de reclutamiento y selección es el cien por ciento de las veces certera. Aunque existen alternativas de confirmación del proceso, en el fondo seguimos preguntándonos: ¿qué ocurre verdaderamente con los llamados candidatos? Esta pregunta obedece a la ausencia de datos sobre la efectividad de los sistemas y la falta de procedimientos para validar la capacidad del proceso. Esto porque el sistema no tiene la capacidad de confirmar el rendimiento de las competencias de los candidatos que atraviesan por las etapas de este proceso electrónico. Algunos somos del sentir de que "reclutar es como repasar una serie de pasos hacia la decisión final que determina las relaciones interpersonales de la empresa".

Es necesario tener en cuenta que el reclutamiento considera también la compatibilidad entre compromiso y voluntad. Esencialmente, que la razón de ser de todo proceso organizacional de reclutamiento conlleva poder validar si el compromiso de los candidatos está de acuerdo con la intención de la compañía. El reto es lograr integrar estos conceptos intangibles y subjetivos dentro del proceso de evaluación.

Por otro lado, es importante la determinación sobre la oportunidad de agregar a una persona que sea un contribuidor a la operación y poder asegurar que tiene las cualidades para pertenecer a la misma. Toda vez que se completa el proceso y culmina con la contratación, comienza la relación laboral. El sistema debiera tener la capacidad de haber cualificado de manera efectiva.

En la actualidad, cada vez que un candidato completa una solicitud, en la mayoría de los casos lo está haciendo a través de la página web de la organización. Esta gestión es la introducción al proceso de reclutamiento y selección y se completa de forma electrónica. A partir de ahí dependemos de un proceso llamado Sistema de Seguimiento de Candidatos (*Applicant Tracking System*, en inglés), ya sea en su forma básica o más elaborada. En el proceso electrónico, una vez completada la solicitud, se procede a esperar el resultado de la validación que ocurre entre los símbolos de un resume y los de la descripción del puesto. La función del proceso electrónico es validar si sus datos concuerdan con los requisitos del puesto. La de los solicitantes es asegurarse de que la información contenida en su hoja de vida, que será la información que está levantando (*upload*) al sistema, concuerde con los datos del puesto al que aspira a cualificar.

Al final, el seguimiento de este primer paso depende de una programación en el sistema para que se emita una notificación electrónica al correo electrónico de los candidatos que debe confirmar el recibo de sus datos. También suele suceder que el sistema valida y los que ejercen la función de reclutamiento proceden a notificar al recurso.

Los ATS, como comúnmente los conocemos, contienen una programación codificada de función predeterminada que se encargan de organizar el proceso. Para los reclutadores es repetitivo y en ocasiones tedioso. Una alternativa productiva y tecnológicamente elaborada es la programación que considera otros pasos como la validación de competencias y el procesamiento de confirmación de la información. Los estudios de este proceso electrónico demuestran:

1. Que más del 90% de las empresas Fortune 500 ejecutan su reclutamiento y selección de manera electrónica.

2. Por el contrario, más del 60% de los solicitantes anhelan algún tipo de contacto humano durante el proceso de cualificación.

Sin embargo, he podido dialogar con varios colegas (en y fuera de PR) sobre la efectividad del sistema y el tema de mantener un balance. En estudios realizados y aun cuando la mayoría de las empresas cuentan con un sistema automatizado de reclutamiento, existe el interés por realizar la consideración de los candidatos y de cómo se clasifican sus competencias. Igualmente, los reclutadores consideran que debe mediar la oportunidad de conocer personalmente al candidato antes de ofrecerle el puesto, particularmente si todas las condiciones de cualificación de su información están contenidas dentro de una transacción completamente digital. Algunos se preguntan si la evaluación de prospectos es completamente justa porque la tecnología solo valida competencias de labor y habría otros aspectos de los candidatos que no se pueden cotejar de forma electrónica.

Estudios realizados con la gerencia de recursos humanos de Puerto Rico demuestran que se persigue un equilibrio con las consideraciones de índole personal dentro de un sistema completamente automatizado. Es cierto que la tecnología ha revolucionado el mercado del reclutamiento. No obstante, no ha sido totalmente descartada la particular preferencia por tener alguna oportunidad de personalizar el proceso, en una sociedad cuyo sistema de evaluación de candidatos todavía tiene en cuenta los valores humanos como parte de los requisitos para el puesto. El argumento primordial es que no se pueden cuantificar los valores de los candidatos en la herramienta electrónica y si estos concuerdan con los valores de la cultura organizacional.

Luego, también nos preguntamos, ¿habrá realmente resistencia a los procesos electrónicos? Los datos han demostrado que lo que hay es falta de confianza en que el sistema sea justo cuando se consideran todas las cualificaciones. Hemos estudiado que, a la hora de seleccionar candidatos, existen varias opiniones sobre "incongruencias" dentro del mismo proceso. En parte por la forma en que está diseñado, que no es la misma manera en la que lo interpretan los usuarios. Una de las diferencias es que estos no completan su proceso en términos de programación ni tampoco consideran alterar los códigos de manera exclusiva, sino que lo manejan dentro del sistema como ha sido diseñado. Por otro lado, el argumento de los evaluadores es que el sistema como está diseñado es un proceso donde no se consideran los valores y características de personalidad. Curiosamente, ambos bandos, reclutadores y candidatos, tienen una idea general de que debe existir compatibilidad organizacional entre postulante y organización. Estudios han concluido que el 60% de los reclutadores se salen del sistema para realizar la entrevista y validar en persona la cualificación de los candidatos. En el caso de estos últimos, más del 40% no completa el proceso de selección del reclutamiento electrónico porque no se sienten confiados en que sean verdaderamente evaluados. Esos son porcientos muy altos en ambos casos.

Ya sea por la resistencia a la transición al proceso puramente electrónico, por el comportamiento de quienes se dedican al reclutamiento y quienes ahora están conectados a una computadora todos los días, o en el final, porque la migración al sistema los lleva a perder un uso y costumbre de sus procesos según los conocían, lo cierto es que todavía, predomina la necesidad a la que respondemos como comunidad gregaria.

Algunos colegas me han comentado: "seguimos siendo gente contratando gente". En las compañías donde los valores rigen la cultura organizacional es necesario hacer contacto con los candidatos y tener conversaciones en persona que asistan en obtener una experiencia directa y que permitan apreciar su forma de pensar, de tomar decisiones, para así poder evaluar de manera directa si los resultados de haber completado una entrevista en torno a su experiencia personal se encuentran alineados con las aspiraciones de la organización.

En los capítulos siguientes les narraré un poco de los procesos electrónicos que en la actualidad son tan comunes. Compartiré información sobre cómo trabajan y también un poco de datos curiosos de cómo reaccionamos los profesionales de recursos humanos ante estas herramientas. Finalmente, compartiré lo que ha sido a lo largo de mi carrera, las observaciones sobre los cambios y las sugerencias acerca de estos.

La intención en general es compartir experiencias, sin embargo, mi aspiración principal es que las anécdotas ayuden a ampliar el lente con el que a menudo aceptamos procesos y descartamos vivencias o, por el contrario, rechazamos procesos porque confiamos demasiado en la experiencia. Los extremos son siempre difíciles. Es cierto que la tecnología ayuda a mejorar las eficiencias, también es cierto que los cambios crean sinergia y es necesario adaptarse a ellos.

Al final, lo esencial es que podamos entender la tecnología para entrar en un proceso de aceptación e integración a nuestras prácticas, y así determinar lo que es mejor para la organización.

Historia del proceso electrónico

*E*l proceso de reclutamiento y selección fue mejorando su funcionabilidad y efectividad en la medida en que se fue mejorando la automatización de los pasos dentro del proceso de reclutamiento y selección (Darnold & Rynes, 2013). De ahí surgen los diseños de plataformas electrónicas que comúnmente se llaman *Applicant Tracking System*. Estos son sistemas que automáticamente validan los datos de los solicitantes a través de una plataforma electrónica que identifica los símbolos de sus hojas de vida. En términos de lenguaje electrónico, a estos símbolos se les conoce como algoritmos. El sistema compara con los algoritmos de la descripción de puesto que ya está radicada en él y verifica que coincida con los datos biográficos (Laumer et al., 2014).

En la práctica, el uso de este tipo de recurso contribuyó a mejorar las eficiencias de los funcionarios de recursos humanos, además de agilizar el proceso de selección y reclutamiento (Darnold & Rynes, 2013).

Antecedentes

Históricamente, el proceso de selección no fue un diseño progresivo como resultado de la necesidad de crear alternativas de mejora continua. Por el contrario, fue una reacción a un número desmedido de empleados para los que no había oportunidades. Los datos que existen acerca de la creación del proceso de reclutamiento surgen como resultado de la necesidad de controlar el número de trabajadores dentro de los talleres industriales. En principio, el diseño del proceso de reclutamiento fue uno reactivo.

La historia reporta un aumento considerable de empleados cuando los militares regresaron de la Segunda Guerra Mundial. Estos volvieron a sus antiguos puestos, los que ahora ocupaban las mujeres. Como resultado de la migración de hombres trabajadores a las filas militares, las mujeres se habían convertido en la mano de obra alterna. Eran la mano de obra disponible y, ciertamente, una oportunidad de levantar el producto principal para la guerra. En el caso de ellas fue también un ingreso adicional al núcleo familiar (Yang Trevor & Cable, 2013). Las mujeres estuvieron a cargo de la elaboración de equipo militar, lo que demarcó la industrialización de los Estados Unidos. Esta duplicidad de recursos fue un punto neurálgico en la parte laboral. Entre temas que debían atenderse y que no estaban preparados para manejar, se incluían: rendimiento, sustitución, roles, entre otros. Y sin alternativas de leyes laborales, procesos para maximizar especialistas en las organizaciones, ni mucho menos, programa de desarrollo organizacional.

El período comprendido entre el final de la Segunda Guerra Mundial (fines de la década del '40) y la llegada de la década del '70, fue lo que se conoció como la época dorada del capitalismo estadounidense. La clase media creció, al igual que el producto interno bruto (PIB) y así aumentó la productividad del país. Estados Unidos experimentó una especie de edad de oro del crecimiento económico que fue amparado por las emisiones de bonos de guerra y el plan de beneficios para los veteranos de la Segunda Guerra Mundial, mejor conocido como "G.I. Bill" (History.com, 2019). Todo esto provocó un aumento en la fuerza laboral. Fueron momentos de la economía de los Estados Unidos que promovieron el incremento de empleados porque también emergió la industria automotriz y la del combustible, que dependía en gran parte de la mano de obra (OIT, Delautre, 2017). Este crecimiento fue marcado y se dio en todas las clases sociales. Cabe señalar que algunos estudios atribuyen este aumento de empleados al nacimiento de los sindicatos, a raíz de las demandas que fue reclamando la nueva fuerza laboral. Se trató de un crecimiento desproporcionado en todos los sentidos, que provocó una demanda exagerada de mano de obra. Se comenzaron a establecer parámetros de control y se implementaron procesos que llegaron a concretarse, en gran medida en los años '70.

Reglamentación sobre las contrataciones de personal

La gestión de reclutamiento y selección comienza a tomar forma, se da en cierta medida un proceso informal para gestionar la contratación de capital humano (Carlson & Connerley 2003). Culmina la justificación de los procesos de reclutamiento y del manejo de pasos en la contratación de personal cuando surge la Carta de Derechos de 1964. Se suma además el Acta de Empleo de 1946 que creó el Consejo de Asesores Económicos (CEA, por sus siglas en inglés), para proporcionar asesoramiento y facilitar la aplicación de una amplia gama de cuestiones de índole política y económica, nacional e internacional. Es así como surge el establecimiento de objetivos de control cuantitativos para la economía, el uso de las teorías de la resistencia fiscal y el presupuesto de pleno empleo. Los soldados de la Segunda Guerra Mundial regresaron a trabajar y provocaron un aumento considerable de empleados, que a su vez motivó los controles fiscales de sistema anteriormente mencionados.

Comenzaron los procesos contables para administrar los gastos de nómina y los pagos de impuestos y demás costes del sistema. Con todo esto, surge la creación de procesos en la gestión económica de la consideración de personal. En términos generales, se establecen los pasos que regulan la contratación y el pago por labor, el registro del empleado en el sistema de seguro social, seguros de riesgo, descuentos de rigor y registros para efectos contables. Este proceso de reclutamiento es hoy ampliamente considerado como uno de los que más tiempo y costos requiere (Barber, 1998). Así nació el concepto de nómina.

El proceso, en sus comienzos, fue reactivo por la necesidad de controlar la cantidad de personas interesadas en trabajar. El uso de los procesos iniciales continuó modificándose, no solo por las leyes, sino por la necesidad de revisar los procesos internos en las industrias. Las empresas reconocen cada vez más la importancia y la necesidad de una mejor coordinación. Se requiere una gestión continua en medir y controlar las numerosas tareas que conlleva la contratación de personal.

Los procesos comienzan con la consideración de los candidatos, continúan con la selección y su desarrollo. La primera etapa es solo el principio de un cúmulo de gestiones orquestadas dentro de ambientes legales, organizacionales y de psicología industrial, procesos que se entrelazan dentro de varias disciplinas de los recursos humanos.

◊ La contemplación de recursos debe ser equitativa a la distribución demográfica con consideraciones de equidad.

◊ Los beneficios de las contrataciones deben auspiciar la integración de recursos dentro de un ambiente saludable de compromiso empresarial colectivo.

◊ La retención de los recursos viene aderezada de un robusto programa de desarrollo organizacional claramente delineado y es revisado continuamente.

Queda claro que al igual que la enseñanza, recursos humanos es una de esas profesiones que se consideran de vocación porque requiere de empatía, conocimientos culturales y otro número de cualidades. En recursos humanos laboramos todos los días con personas que tienen diferentes situaciones, necesidades e historias de vida.

En el caso específico del reclutamiento y selección de personal, incluimos en la consideración las circunstancias de los aspirantes contra necesidades organizacionales. Es por esta razón que se extiende a la organización los beneficios, horarios, flexibilidad y otras deferencias en torno al aprecio de ese recurso. Nos toca a nosotros ser mucho más selectivos y exigentes con el proceso para lograr un cotejo saludable de competencias contra cultura. En adelante se desglosa el proceso de la selección por etapas.

Proceso de reclutamiento

Primer paso – *Branding*

*E*l primer paso en el proceso de reclutamiento y selección es establecer la marca. El término común es ***Branding***.

La marca del empleador es un elemento importante del reclutamiento porque pretende impactar a los solicitantes. El enfoque del *branding* empresarial está cifrado en encontrar cómo impactar a potenciales empleados que además de ser talentosos se identifiquen con los valores de la organización. Anteriormente era menos dinámico y la rotación era más prolongada. En estos tiempos, la identificación de la empresa conlleva levantar un interés que le gane a los retos del actual mercado laboral:

◊ La demanda laboral más popular de estos tiempos es la capacidad de ofrecer flexibilidad. Esta tiene su aplicación más visible en los horarios laborales, entiéndase el teletrabajo o trabajo remoto.

◊ Este concepto viene asimilándose desde la década de los '90 y se ha encarnado como la primera opción para optar por el patrono de selección de los candidatos. Se ha convertido en la fórmula de quien puede lograr la mejor captación de talento por parte de la empresa.

La consigna es: "si desea contratar a los candidatos más talentosos y retener a los que ya trabajan para usted, debe posicionar a su empresa como empleador preferido". En términos de mercado, el objetivo del *branding* es que su empresa se vea como un lugar en el que realmente quieren trabajar. Se construye una reputación, en donde se hace necesario establecer los valores de la empresa, promover una cultura laboral armoniosa y proyectar una personalidad empresarial que se alinee con las aspiraciones de estos talentosos candidatos. Debe definir qué conjunto único de beneficios ofrece a los empleados a cambio de sus habilidades, capacidades y experiencia.

En el caso de una empresa más pequeña, la competencia por candidatos talentosos es especialmente feroz. Lejos de competir con los beneficios de las empresas más grandes, el *branding* debe provocar la noción de una marca de empleador sólida, para así atraer a los mejores candidatos. Es la manera en que se lanza la empresa al campo de juego en la guerra por el talento.

No pretendemos asimilar las preferencias de los candidatos. Si buscamos señalar las circunstancias del mercado para considerarlas dentro de las capacidades de la empresa, lo principal es que la organización sea reconocida por el propio mercadeo de sus empleados: lo que se conoce como *"word of mouth"*, que los propios trabajadores sean los principales promotores de la cultura organizacional y que se sientan cómodos con promover a su empleador.

Una marca de empleador sólida también aumenta la productividad de los empleados y los hace sentirse orgullosos y felices de pertenecer a la organización. Saludablemente, este tipo de *branding* hace que se conviertan en embajadores de la marca porque promueven entre sus amigos talentosos cuánto disfrutan de trabajar para su empresa y así la recomendarán a estos candidatos. También pueden dejar comentarios positivos en línea, inspirando a otros candidatos a postularse. Es importante entender que las comunicaciones son más rápidas por el fácil acceso a la información por medio de las redes.

La tecnología ayuda a construir una marca de empleador sólida

Construir una marca de empleador sólida requiere trabajar en toda su comunicación escrita. Afortunadamente, la tecnología puede ser de gran ayuda aquí. La plataforma de la compañía puede colaborar asegurándose de que su marca de empleador se refleje en todas sus comunicaciones escritas.

La imagen es importante porque cuando los candidatos acuden a la página electrónica de las compañías para acceder al enlace en donde pueden radicar su solicitud de empleo, lo hacen porque quieren formar parte de la reputación que tiene. La página web de la empresa es una oportunidad en donde el empleador aprovecha para auspiciarse. Al visitarla, el candidato entra en contacto con la información de la misma, sus historias y, sobre todo, los beneficios. En la manera en que interactúa con la página, aprenden de la empresa antes de solicitar empleo.

Esto en realidad es un proceso de intercambio de información que promueve a la compañía y alienta el deseo de los candidatos de solicitar la vacante. Ocurre dentro de una sola experiencia cibernética. Lo más importante para la empresa es que no debe perder la oportunidad de su promoción en la página. Si se ha presentado como una que promueve la unidad y manifiesta entusiasmo por sus recursos, debe también recordar que su cultura debe prevalecer en cada gestión. Por lo tanto, una vez que el candidato se ha entusiasmado con la cultura y solicita empleo, asegúrese de que el sistema esté programado para que reciba una confirmación de su gestión. Así comienza la experiencia de solicitud de empleo cuando acuden a la página web de la compañía.

Como parte de la reputación de la empresa en el mercado también se incluye su calidad como empleadora. La estrategia en términos de la información que circula es que sea consistente con la retroalimentación que ofrecen igualmente los empleados. El candidato frecuentemente busca confirmar si en efecto son buenos empleadores y si sus beneficios son competitivos. Los sitios de revisión de empresas son un recurso principal para quienes buscan trabajo. Estas plataformas son gratis y recogen el sentir de pasados empleados y de recursos activos. Por mencionar algunas: Glassdoor e Indeed.

Branding es un asunto de candidatos

Igualmente, ahora los potenciales empleadores pueden evaluar la marca de los candidatos. Existen alternativas donde también se puede corroborar la compatibilidad de caracteres. Los empleadores reaccionan a las implicaciones de la marca de los candidatos relativo a lo que también es clave de su propia marca. Realmente soy la primera sorprendida de ver cómo muchos reclutadores hacen referencia cruzada (*cross referencing*) de los solicitantes dentro de otras plataformas sociales. Si bien es cierto que mi perfil social no es un indicador de mi capacidad laboral, también es cierto que de todos modos las revisan para apreciar actividad extracurricular, relaciones de negocios y si se mantienen activos dentro de sus disciplinas. Inclusive, he visto algunos colegas que buscan si sus endosos son consistentes dentro de la industria en la que laboran.

La marca es con lo que las audiencias se conectan cuando buscan calidad en el servicio. De modo que un posible candidato puede sentirse atraído por la reputación de una empresa. Igualmente, la empresa podría muy bien querer explorar si el candidato es un recurso atractivo para ella. De aquí es importante entender que el candidato tiene también su *branding*. En estos tiempos, su perfil en la plataforma de LinkedIn podría ser un ejemplo.

Debemos ser receptivos a las condiciones del mercado. El banco de talento especializado no es amplio. Las escalas salariales para recursos con especialización son más altas, y ante la demanda por experiencia, los reclutadores nos vemos obligados a revisar minuciosamente los perfiles de los finalistas en la lista de candidatos. En términos generales, los perfiles electrónicos están públicamente disponibles y sirven para identificar rasgos de interés. En ese sentido, es una de las ventajas de trabajar con las plataformas de reclutamiento. De hecho, dentro del proceso de validación de competencias y compatibilidad con la organización, estas plataformas pueden programarse para identificar el perfil de los candidatos en otras plataformas, incluso confirmar contenido de su hoja de vida. Estas gestiones sirven de respaldo a las de los reclutadores porque se hacen de forma automática y en menor tiempo. Por citar algunos ejemplos: Bamboo, Jazz y CATS tienen programación disponible para hacer enlace con LinkedIn.

En realidad, existe una interdependencia que se traduce en productividad dentro del proceso. Según la configuración de la plataforma de contratación, los procesos para corroborar información son programables y se hacen de forma automática en la herramienta. Se promueve una actividad bilateral en donde la compañía y el solicitante comparten su información con el sistema y por ende cercioran su "compatibilidad". Los reclutadores manejan el proceso en la identificación de la mayor correlación de algoritmos y se destaca al candidato mejor calificado.

El primer paso, una vez que esté codificado, resulta fácil de manejar.

Atraer a los candidatos

traer a los candidatos es una parte importante para todos y en especial del proceso dentro de los modelos de reclutamiento electrónico.

Es necesario entender que el entorno laboral se está transformando hasta convertirse en uno totalmente electrónico. En el 2024, el 60% de nuestra fuerza laboral serán los nacidos de 1989 en adelante (Oficina de Estadísticas Laborales de los Estados Unidos, 2015). La fuerza laboral estará constituida por la generación de los Milenios, cuya característica fundamental, según estudios, es que son la primera generación que creció inmersa en la tecnología (Zemke et al., 2013). Dichos datos igualmente determinan el enfoque de esta nueva fuerza trabajadora en el acceso y mercadeo que deben tener las compañías a fin de atraer candidatos.

Según la demográfica del mercado, este factor de la distribución poblacional de la fuerza laboral de los próximos años determinará el nivel de disponibilidad virtual de los candidatos y de igual forma la preferencia por teletrabajo. Para propósitos de nuestra discusión, las demandas tecnológicas de igual manera determinarán el aumento en la frecuencia de la utilización del proceso de sistema de reclutamiento electrónico. Se estima que tan pronto como el 2025, el proceso estará mayormente enfocado en la categorización por competencias. Los programas de reclutamiento estarán haciendo la selección entre el número total de candidatos que radiquen su solicitud. Es decir, la capacidad de la herramienta para reunir los datos de los solicitantes deberá ser más alentadora para aquellos recursos con más alto nivel tecnológico. En ese sentido:

◊ El sistema estaría dirigido a intensificar la programación de los perfiles deseados.

◊ Será necesario prestar más atención y dar mayor intensidad en la capacidad de segmentar la data para capturar tipos de candidatos con cualidades y competencias más específicas.

◊ Conforme aumenten las necesidades concretas de la empresa (en particular la demanda por procesos tecnológicos), será proporcional la búsqueda de candidatos que por la vía de la plataforma puedan demostrar que estén mejor cualificados.

◊ La tendencia para los próximos años es una mucho más dinámica, más competitiva en cuanto a la oferta y demanda dentro del sistema. Esto la hace más intensa para el proceso de reclutamiento y selección porque implicaría una mayor disputa por cualificaciones relativas a las tareas esenciales de puestos con cualidades analíticas y de programación.

En 2025 los primeros cinco empleos de mayor demanda serán:

1. Técnicos en Energías Alternativas

2. Nanomedicina

3. Diseñadores de personalidad informática

4. Analista de Mercado

5. Analista Financiero

(https://www.myjobmag.co.ke/blog)

A manera de repaso de los sistemas, es claro que en la forma en que está configurado en estos momentos, los datos de anuncio del empleo, la solicitud de candidatos y la correlación de datos, es la manera en que se manejan la mayoría de las solicitudes. Estos datos confirman que el sistema debe estar atemperado a las tendencias del mercado laboral. En estas dos primeras etapas, los candidatos deben poder responder a las demandas particulares que se incluyen en el anuncio de las vacantes. Deben radicar su información considerando las necesidades de combinación de competencias según el anuncio y también teniendo en cuenta la cultura, según haya sido presentada en la página del *branding* de la compañía.

El programa deberá aderezarse para completar los datos de manera más dirigida y los reclutadores deben poder identificar en la programación los campos necesarios para capturar de manera específica el valor de las competencias que requiere la vacante. La programación se encarga de manejar los requisitos generales por medio de los caracteres del documento y de agrupar estratégicamente el banco de talento. Idealmente, debe ocurrir una integración de intereses similares entre las expectativas del empleador y las del candidato.

El valor de la herramienta en la que se radican las solicitudes electrónicas es la capacidad de corroborar en la mayor medida posible los caracteres que coinciden con la descripción de puesto y separar las que contienen la cantidad más alta de algoritmos en común. Es esencialmente lo que persigue el programa (Laumer et al., 2015). El mayor número de correlaciones hace que la información procese en el esquema electrónico del proceso de selección.

En esta etapa es importante el valor de los recursos. Hay que señalar que, en la medida que continúen automatizando los procesos corporativos, económicos y programáticos, continúa aumentando la demanda por competencias más dirigidas. La tecnología en general será la que dicte todos los procesos. El empleador podría entender que, a mayor demanda por tecnología y programación, mayores los requisitos del puesto. De igual manera, los candidatos mejor cualificados entienden el valor de sus competencias y se sienten en capacidad de hacer igualmente demandas sobre su contratación.

En estos casos se empieza a considerar la mayor ganancia que pueden obtener los postulantes sobre la oferta de la compañía y la demanda que debe existir entre las cualificaciones de los mismos y la del mercado laboral. En estos tiempos cambia por completo la postura de la compañía porque se retira de la contratación la idea de que la prerrogativa la tiene el empleador. Ahora son ambos, candidato y compañía, los que deciden quién representa ser el mejor trabajador para la vacante y el mejor postor para el postulante. Desde esta etapa comienza el proceso de la negociación estratégica de las partes, donde ambas tienen intereses creados, y es la consideración franca de cómo se maximizan las ganancias personales y profesionales la que dicta la razón de la selección.

Datos importantes de programación que desmotivan a los candidatos

*E*n realidad, este proceso no culmina bien si no se responde dentro de un parámetro de 72 horas. Los estudios han demostrado que es en esta parte del proceso cuando los candidatos se retiran. Es cierto que dentro de la programación del sistema se debe poder retener la selección del mayor número de similitudes. Sin embargo, existe la idea de que, siendo un programa electrónico, la confirmación de responder al recibo de la solicitud debe ser igualmente ágil. Nada lejos de la verdad, en la práctica, la información correlacionada se encuentra en espera de una inspección visual de parte del reclutador. Otra vez, es un asunto de programación, pero los estudios igualmente han confirmado que aún se practica hacer una interrupción del proceso para verificar la correlación procesada. Esta interrupción retrasa los tiempos y, por ende, la emisión pre programada de confirmación de recibo de la solicitud. La dilación de una respuesta desanima al solicitante.

Por otro lado, ciertos programas tienen una respuesta automatizada que confirma la recepción de la información. Igualmente, si el candidato recibe una notificación y en las próximas 72 horas no se le envía ninguna otra información, se interpreta que el proceso no lo cualificó y que no va a ser considerado. En estos casos, cuando no existe una confirmación real, también se pierde interés. Los reclutadores pueden programar la secuencia de respuestas según avanza la evaluación del candidato. Este tipo de emisión automática mantiene el interés vivo de la persona que se postula.

En cuanto a atraer candidatos, el reto mayor es mantener el interés de los que ya han sido identificados. Nuevamente me permito compartir mis múltiples charlas con colegas de recursos humanos. En algunos casos la "neurosis" del proceso radica en no poder confirmar con la parte interesada de la compañía. La disponibilidad de tiempo de los gerentes, quienes deciden la selección, es limitada, y el tiempo de la consideración de los mejores candidatos se extiende a veces hasta tres semanas. Esta es la falta de agilidad en el proceso de confirmación con la parte que hace la entrevista y que tiene la capacidad de determinar si el solicitante continúa o no en el proceso. La consecuencia de esta espera, en varios casos, es que cuando por fin tenemos una fecha de entrevista, el candidato ya no se encuentra disponible.

En términos generales, los reclutadores hacemos una gestión asertiva de identificar las mejores personas para el puesto de trabajo en cuestión. Sin embargo, el ente que realmente los va a supervisar o con quienes se van a referir son gerentes de otras divisiones de la operación. En ocasiones solo podemos confirmar fecha de entrevista, y se debe en mayor parte a la multiplicidad de proyectos que ocupan el tiempo del gerente. En algunos casos he visto que, en ausencia de fechas alternas, recursos humanos amplía su filtro para expandir con otros gerentes nuevas posibilidades de procesos de validación con más candidatos. Una sugerencia eficiente es la de crear alternativas y generar un itinerario de entrevista más extenso. Contrario a la gestión de una sola persona conduciendo las entrevistas, se podría tener dos sesiones estratégicas con los recursos contratantes; la primera para determinar la estrategia de selección ante diferentes candidatos con igual experiencia y la segunda para puntualizar las características más críticas. Respecto a los candidatos, la selección a veces es más desafiante porque algunos poseen experiencia con ciertas industrias que resultan más acertadas para la consideración que otras, o porque el currículo de algunas universidades está mejor alineado con la estructura del puesto. Esta discusión con el ente contratante ayuda a delinear el perfil de los candidatos que mejor se alinean con la estrategia de contratación de la división. En el proceso de identificación de la compatibilidad entre los aspirantes y la compañía se formulan varias preguntas, que sirven para decidir a qué porción del cúmulo de candidatos atenderá el gerente. Debe acordarse que solo pasarán a entrevista quienes tengan el mayor número de cualificaciones demandadas por el puesto o quienes cumplan con la experiencia ante la demanda de decisiones a fines de determinar que posee el mayor número de cualidades para realizar las tareas del puesto.

Es importante señalar que, en la selección de profesionales, los solicitantes en esta segunda etapa tienen mayor conciencia de su experiencia delante de la oferta. En esta etapa se comienzan a cuestionar si los objetivos del puesto se encuentran alineados con sus objetivos profesionales. Se cuestionan además si la compensación deseada se ajusta a su estilo de vida, su situación y sus planes. En el 2022 ha surgido la práctica de incluir las escalas salariales en los anuncios de vacantes. En Puerto Rico no está reglamentada esta práctica, pero en ciertos estados de los Estados Unidos y en algunos países de Europa ya es una praxis reglamentada (Comisión Europea, agosto 2022). Los candidatos en esta etapa especulan si el sueldo básico está en consonancia con su experiencia y posiciones similares en la zona. Consideran además si la paga es suficiente para sus gastos después de impuestos y otras deducciones.

Ciertamente y dentro de todo este proceso por parte de los candidatos, se resalta la lista de aquellos puntos que "no son negociables" y se comienza a reflexionar sobre lo que están dispuestos a comprometer.

Cuando se observa la distribución demográfica de la fuerza trabajadora, es importante recordar que las nuevas generaciones duran menos en sus funciones y buscan una relación más orgánica. El sueldo es importante pero la valorización por su labor lo es en igual o mayor medida para ellos. Si la página de la compañía no promueve una organización integral con un programa de beneficios, de igual forma se desmerece el interés del candidato.

Otra consideración de los candidatos en esta etapa es si la empresa es estable y de buena reputación. Han aprendido a verificar la importancia de la imagen de la empresa y el fondo de su capacidad de liderazgo antes de aceptar ser parte de su equipo. Buscan identificar si la oferta es una en donde exista la oportunidad de crecer profesionalmente. Los candidatos que poseen experiencia laboral y cumplen con los requisitos académicos, tienen intereses y motivaciones mejor definidas que lo que estamos acostumbrados a ver. Les resulta importante saber si los valores y la filosofía empresarial se ajustarán correctamente a lo que necesita.

Interesantemente, si no se tienen en cuenta este tipo de factores, los resultados pueden ser negativos, tales como insatisfacción laboral o rotación de personal.

Administración de los datos

*E*l análisis de datos es la recopilación, transformación y organización de datos para sacar conclusiones, hacer predicciones e impulsar la toma de decisiones de manera informada.

Este paso no es otra cosa que la revisión del pareo de la data suministrada por los candidatos contra la data que ocupa el anuncio del puesto en el sistema. Habiendo segmentado los datos de los solicitantes, le corresponde al especialista de recursos humanos manejar la información ya segmentada. Este repasa la lista de resumes o currículos importados al sistema y los revisa. Dicha tarea requiere tomar los datos de los mejores pareados en el sistema y hacer revisión de competencias según las demandas del puesto.

Es la etapa más importante del proceso y la que más tiempo consume. Como nota interesante y en línea con los avances de sistemas de selección electrónica, la demanda por estudios que ayuden a predecir la tendencia en los datos está en aumento. Interesantemente hay demanda por capturar recursos con la habilidad de justificar la data para mantener la consistencia en la necesidad de transformación que tanto se promueve en las organizaciones. De esta manera, la responsabilidad principal del representante de recursos humanos radica en la forma en que confirma que los resultados en las evaluaciones de candidatos estimulan las iniciativas corporativas.

Se observa la forma en la que el sistema radica los resultados y la persona que hace el reclutamiento los revisa contra las expectativas del puesto. Sin embargo, esta es la oportunidad de empoderar a recursos humanos como socio de negocio estratégico. La capacidad de resaltar con la data al recurso idóneo y lograr su aceptación, representa un logro económico y operacional.

A menudo hemos escuchado que el costo de las contrataciones ejecutivas fallidas se debe a un proceso de adquisición de talento deficiente Se estima que el costo de las contrataciones ejecutivas fallidas es más de un 2.5 veces el salario anualizado del puesto. En la medida en que se acorte el tiempo de la vacante sin cubrir, se resuelve un asunto económico de la organización. El agente reclutador, básicamente, está siendo empoderado a que tome la iniciativa de recomendar el recurso adecuado.

En términos operacionales, debe asegurar que el referido se encuentra dentro de los parámetros presupuestarios de la escala salarial pautada por la organización e igualmente debe realizar la consideración económica de los beneficios y debe poder hacerlo con prontitud. Ciertamente, respondiendo a la necesidad operacional y justificando la inversión del presupuesto establecido para el recurso. La data recopilada debe justificar y verificar todos los aspectos de esta inversión.

Con esto es importante que sea una recomendación del recurso claramente informada y corroborada. De aquí que una de las nuevas carreras en este sentido sea el análisis de datos, mejor conocido como *"Data Analytics"*

Igualmente, se aprecia en este proceso que algunos ven la disrupción como un desafío. En ánimo de entender la necesidad de maximizar el rendimiento y la eficiencia de una herramienta, vemos una oportunidad para que la organización de recursos humanos lidere el camino de forma contundente. Es la oportunidad de poder conectar y aprovechar la estrategia con la tecnología para realizar una intervención personalizada de impacto.

Esto resalta la importancia de que el sistema esté adecuadamente programado, ya que permite hacer una selección más precisa de las cualificaciones por medio de códigos más específicos. En la práctica, la selección original para una asistente administrativa pudo haber sido, por ejemplo, que sea bilingüe, domine Outlook y tenga experiencia trabajando en embarcaciones. La instrucción de manera concreta debe programarse con la capacidad de seleccionar dentro del universo de candidatos e identificar en el propio sistema solamente aquellos perfiles que cumplen con esas características en particular. Dicho sistema tiene la capacidad de segmentar en varias etapas, en las cuales cada especialista puede ir alentando el tipo de tratamiento de los datos. Ahora el profesional puede tomar este segundo grupo y segmentar más aún la data para que le incluya la instrucción de conocimiento de Microsoft Word y Excel. En esta medida, el especialista de recursos humanos puede, dentro de la selección final de candidatos, agendar accesos a las pruebas de Word y Excel (por tratarse del ejemplo de asistente administrativa), a través de la misma plataforma, y de ahí seleccionar para entrevista preliminar solo a quienes resulten con las calificaciones más altas (Laumer et al., 2015).

La preselección de candidatos

Al realizar la preselección de candidatos, entendiendo la extensión de la responsabilidad ya discutida, es importante comprender la secuencia de eventos que toma lugar en el proceso de validación electrónica. El sistema realiza una selección de datos de forma continua. El agente reclutador debe controlar la secuencia y frecuencia del proceso que está realizando a través de la programación del sistema. Es decir, validar los razonamientos sistemáticos que promueven la ubicación de los candidatos cuando se culmina la distinción entre los mejor cualificados.

El agente reclutador debe aprovechar los procesos sistemáticos para asignar la forma en que el sistema de continuo hace la distinción electrónicamente de las características o cualidades que se desean poder capturar dentro del universo de solicitantes. El agente reclutador puede afinar la distinción de competencias, bien sea por medio de la validación de capacidades y documentándolo, o bien a través de listas que recogen los resultados acumulativos de pruebas o de los avances en las cualificaciones, según lo establecido en el proceso de reclutamiento electrónico. La ventaja a favor del agente es que el sistema identifica los rasgos y la programación permite afinar las características específicas que desean capturar. De la lista final de solicitantes, el mismo sistema realiza la preselección de candidatos.

Hasta aquí continúa una gestión puramente electrónica. Sin embargo, los estudios realizados en Puerto Rico ponen en evidencia que, una vez entrados en esta etapa del proceso, los profesionales de recursos humanos escogen, más del

60% de las veces, realizar un tipo de acercamiento directo con los candidatos que el sistema haya identificado (Estudio 2021. Estudio comparativo de los procesos de reclutamiento electrónicos). De esta manera comienza a darse una gestión directa con los recursos finalistas, parecida al modelo antiguo.

Los especialistas que administran el sistema añaden valor en las anotaciones que realizan dentro de los perfiles electrónicos de los candidatos. Algunas de estas, basadas en conversaciones telefónicas que hayan realizado, o en acercamientos a través de las redes para validar disponibilidad. Los recursos que complementan la información en la herramienta tienen la responsabilidad de identificar y hacer anotaciones que entiendan pertinentes y que sean objetivas en torno a los requisitos y las cualificaciones muy particulares de la vacante. Cada aportación dentro de los perfiles de los candidatos queda inscrita. Si no avanzara en el proceso de selección, pasa a ser parte de un banco de talento cualificado del programa.

Durante este proceso, en casi todos los casos, la capacidad de emitir la notificación o cita de la entrevista preliminar puede quedar en manos del propio sistema, una vez programadas las especificaciones que dirigen el proceso (Laumer et al., 2015). En casos específicos, se complementa por medio de la misma plataforma para iniciar lo que se conoce como "la reunión de entrevista preliminar". Esto es generalmente como resultado de haber completado el primer proceso de cualificación de competencias de los candidatos. Las validaciones se pueden realizar a través de citas para tener una llamada inicial por teléfono o videoconferencia, así como mediante la invitación a tomar pruebas adicionales. En algunos casos, las compañías auspician pruebas de personalidad que ayudan a filtrar características para confirmar que los candidatos cuentan con cualidades que son afines a la cultura organizacional. Este proceso se hace a través de correo electrónico y no auspicia contacto directo con el candidato (Laumer et al., 2015).

He validado con varios colegas y puedo confirmar que hay discrepancia en las opiniones. Las pruebas siguen siendo otra fase del proceso de contratación que presentan un reto en ánimo del tiempo, en algunos casos, y de aplicabilidad en otros. Relativo al argumento del tiempo, las evaluaciones agregan días a la respuesta sobre la selección de candidatos, aunque se puede mitigar un poco haciéndolas parte de un proceso automatizado que requiere programación. Debe hacerse también la distinción de pruebas más fáciles en los casos en que la consideración del puesto es de vacantes más comunes, como en aquellas que se mueven por volumen, es decir, muchos empleados para la misma función. Por tanto, el tipo de prueba debe estar dirigido a factores de puntualidad, destrezas motoras y trabajo en equipo. Recordemos que, en la práctica, la necesidad de alocar el tiempo necesario para la prueba, aunque dilate el proceso, es importante para la justificación de los candidatos. El sistema procede a calificar las evaluaciones y corre el informe final, pero agrega poco menos de una semana al proceso de contratación. A esto hay que sumarle que en los casos de candidatos pasivos (aquellos que se encuentran con un trabajo y considerarían un cambio), la disponibilidad de tiempo es también otro factor. En esta época y luego de la pandemia, he notado que la noción de inmediatez en manejar la examinación en los candidatos es más lenta que antes.

En los casos de puestos ejecutivos, es necesario comentar que una evaluación de habilidades puede suprimir a algunos de los mejores candidatos. Por un lado, debemos reparar en que la Comisión para la Igualdad en el Empleo exige que las pruebas utilizadas estén validadas estadísticamente y administradas por personas con la preparación requerida. Dentro de los programas de las plataformas electrónicas, las pruebas son bastante generales y tienen la aprobación necesaria para garantizar imparcialidad. No todas cumplen con el criterio que valida la misión y visión de la organización. Una de las ventajas de poder hacer arreglos de programación es que en algunos se pueden incluir filtros de información que corroboren competencias específicas a los intereses de la compañía. Este punto es importante en la ponderación de las pruebas. Aunque su intención sea correcta, las que contienen los programas no siempre están customizadas o atemperadas a la cultura organizacional. La mayoría de estas pruebas son de creación comercial dentro de un marco genérico o de contexto unilateral. Están diseñadas para medir rasgos de personalidad en una forma generalizada. Particularmente, no miden el aspecto psicológico de la capacidad de liderazgo o de la toma de decisiones, ni tampoco aquellos referidos a la toma de decisiones dentro del marco de una cuestión presupuestaria o de una consideración de aspecto global. Sin embargo, siempre pueden hacerse alteraciones dentro de la programación para evaluar algunos factores que son determinantes en la selección de candidatos para puestos con responsabilidades más amplias.

Mis colegas psicólogos industriales conocen un universo de pruebas y saben de la existencia de una biblioteca de más de 250 científicamente validadas. Estas pruebas deben tener la posibilidad del acceso a una plataforma electrónica. Se puede programar la formulación de preguntas que activen un tipo de reacción o respuesta más dirigida a las necesidades de las características blandas que se desean capturar de los candidatos. En términos de programación, continuamos recomendando afinar el marco de referencia que ayuda al agente reclutador a obtener el máximo de la información de los candidatos que están solicitando la vacante, esto a fines de capturar todas las cualidades y características necesarias para que cumpla con los requisitos.

La recomendación más certera es que se haga la selección de pruebas y se conduzcan para medir habilidades específicas del trabajo que potencialmente deben realizar. Algunas tales como codificación de facturación médica o terminología en el campo de mercadeo digital, así como habilidades más generales como lo es pensamiento crítico. Las respuestas en este aspecto ayudan a tomar una mejor determinación, científicamente validada sobre cuál candidato es el más adecuado para el puesto.

En las entrevistas que realicé durante mi estudio para la tesis doctoral, pude comprobar que algunas operaciones corren las pruebas predeterminadas que trae el programa y no alteran su formato original para incluir a otros tipos. Existen pruebas únicas de personalidad con la capacidad de identificar preferencias y valores culturales, los cuales le permiten al especialista conocer mejor a sus candidatos y poderles ver como personas reales, no solo como recursos.

Nunca debemos pasar por alto que los candidatos son individuos con cualidades muy particulares. Nuestra responsabilidad es identificarlas y determinar si son propias para la organización. Esto es ser más selectivo con los candidatos externos e internos.

En el caso de las contrataciones para recursos de primera línea o de trabajos de menos rango, las pruebas de tipo de evaluación de tareas repetitivas pueden conducirse con más frecuencia. Estos candidatos pueden esperar una evaluación de personalidad básica. Una prueba de habilidades puede verse excesiva, esto logrará espantar a los candidatos. Las pruebas deben estar en consonancia con las demandas de los puestos.

Cabe señalar que la experiencia que se pueda recoger de una hoja de vida de un candidato para un puesto gerencial o ejecutivo no puede ser la única consideración, ni mucho menos la que valide de forma contundente y en lo relativo a valores éticos y morales de la organización. Estas posiciones que conllevan más responsabilidad deben tener un proceso de validación más extenso. Cada puesto debe tener sus propias demandas de evaluación.

La selección de candidatos

*E*n estos tiempos nos enfrentamos al mayor número de desafíos en el campo de reclutamiento. Los que ya hemos señalado y que son más comunes incluyen:

◊ Atraer a los candidatos adecuados,

◊ Involucrar a candidatos calificados, y

◊ Contratar rápidamente.

Los sistemas de reclutamiento electrónicos asisten en agilizar el proceso de cualificación. Nos permite de manera automatizada realizar el reclutamiento basado en datos, construir una marca de empleador sólida, garantizar una buena experiencia para los candidatos, y poder reclutar de manera justa y objetiva. En resumen, reclutamiento electrónico nos ayuda a crear un proceso eficiente.

A nivel global y en Puerto Rico, reclutar hoy en día es un desafío, mayormente en las disciplinas de salud y tecnología. El proceso de cualificación debe ser más específico. Los manejadores de los programas de reclutamiento deben realizar esfuerzos más dirigidos y atender detalles en la programación sobre los requisitos de las etapas finales del proceso. El sistema electrónico promedio contiene la programación que se ocupa de realizar el seguimiento a los candidatos. En ella tiene la capacidad de emitir reportes sobre los avances en los procesos de cualificación y coordinar la verificación de la disponibilidad de los candidatos con mayor calificación o requisitos cumplidos, esto porque el sistema ha hecho el pareo correspondiente. Entre las posibilidades que tiene la herramienta, existe además la de validar los resultados de pruebas contenidas en el mismo sistema y que son activadas de acuerdo con las demandas del puesto para el que estén solicitando. De continuidad con el proceso, toda vez completadas las etapas previas, procede a coordinar entrevistas preliminares. Igualmente, el sistema, habiendo dado la debida continuidad a los procesos completados, continúa con los pasos siguientes. Estos sistemas son bastante completos en cuanto a los requisitos y responden a la programación que le hagan los integrantes del equipo de reclutamiento. En el espíritu de tiempo y de productividad, mientras más responsabilidades se programen en el sistema, mejor se puede filtrar la mayor cantidad de competencias contra la descripción de puesto y los requisitos con los que cumplan los candidatos. Entiéndase que esta es una programación que sirve de filtro. En particular, aquellas compañías con un alto número de solicitantes deben recurrir a este tipo de sistema porque ciertamente es una herramienta útil y efectiva.

A continuación, el sistema envía por correo electrónico los formularios correspondientes a permisos por parte del candidato que debe completar y autorizar para realizar las referencias de empleo, aunque en la mayoría de los casos este punto es atendido dentro de la solicitud. Sin embargo, para puestos más específicos, ejecutivos o de cierto tipo de confidencialidad, se extiende un formulario de autorización para las pruebas de verificación de historial de empleo y académico. También se tramitan los relevos de responsabilidad para las pruebas físicas o de dopaje en los casos que amerite. El sistema, como parte de su programación, confirma que todas las etapas hayan sido completadas y coordina la entrevista de panel o en persona con el personal contratante o los comités evaluadores. En resumen, el sistema toma la información de los candidatos evaluados y considera la documentación acumulada del progreso de los eventos coordinados y procede a confirmar la concordancia dentro del proceso electrónico del reclutamiento hasta completar la etapa final (Laumer et al., 2015).

Reclutamiento en Puerto Rico

P22. Cuando se hace la selección del candidato(a), ¿Se hace únicamente por medio de la plataforma para el reclutamiento electrónico?

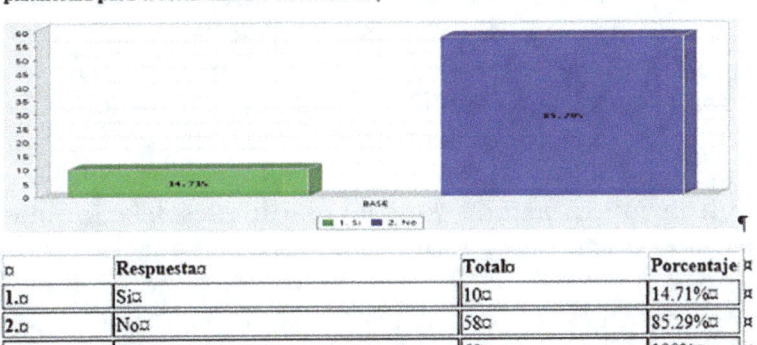

□	Respuesta□	Total□	Porcentaje □
1.□	Si□	10□	14.71%□
2.□	No□	58□	85.29%□
□	Total□	68□	100%□

Encuesta de tesis doctoral Estudio Comparativo de los Nuevos Modelos del Proceso de Reclutamiento

*E*s importante señalar que el 85.3% de la población de especialistas de recursos humanos que participaron de mi estudio en Puerto Rico, aseguraron que la selección del candidato la hacen fuera de la plataforma. Este dato lo comento a pesar de que exista la alternativa automatizada de darle seguimiento. Los resultados comprobaron que, en Puerto Rico particularmente, y aunque el sistema garantice la mejor selección del candidato, el elemento del proceso presencial no se sustituye. Ratificando este hecho se pudo validar en el estudio que los especialistas de recursos humanos en Puerto Rico acuden a varias alternativas de confirmación en la selección del candidato que están fuera de la consideración electrónica. Entre estas, las de hacer una llamada telefónica, volver a citarlos para dialogar de la oportunidad e inclusive, y en tiempos más recientes, una última cita para simplemente conversar de la oferta y reafirmar que los candidatos estén genuinamente interesados.

Para propósitos del tema de esta sección, llevar a cabo estos procesos de selección de una manera correcta es lo que asegura que la determinación de los candidatos seleccionados sea la más cercana a la verdadera necesidad de la organización. Estos procesos deben ajustarse sobre todo a los principios de la empresa y, en segundo plano, a la oferta para la que se han inscrito los candidatos. Es importante esta distinción. Ciertamente establecemos los parámetros de requisitos, competencias y las escalas salariales según el mercado. Sin embargo, la razón de ser de la contratación es que las cualidades del candidato escogido forman parte fundamental de los valores de la compañía. Este debe ser el principio de la contratación: la correcta gestión en los procesos de reclutamiento de personal. Me apena mucho todavía escuchar algunos clientes, gerentes, dueños de negocio que se refieren a la contratación como una gestión transaccional. Esta es la razón principal por la que se ha ido incrementando el término que se conoce como la "renuncia silenciosa". El empleado desea encontrar otro ambiente donde se sienta valorado.

La mejora de la retención del personal es una ventaja adicional del bienestar de los empleados que redunda en una mayor productividad. En estos momentos, es más importante que los trabajadores se sientan amados, cuidados y valorados. Estarían mucho menos dispuestos a renunciar, ya sea abierta o discretamente.

La contratación

Datos importantes en la contratación de personal. Industria de la tecnología

*U*no de los mayores problemas en la contratación actual se relaciona con la búsqueda de talento tecnológico. Es una industria en constante crecimiento, particularmente por la evolución de sistemas. Este sector tiene el índice de rotación más bajo y promueve la práctica de trabajo remoto, dos de las preocupaciones principales en la retención de personal.

Nuestro estilo de vida con el uso de dispositivos móviles, la utilización de los programas electrónicos para contratación de empleados, la forma en que se manejan pagos, las compras en línea y el Internet de las cosas, nos obliga a tener que escoger un equipo tecnológico con una experiencia de trabajo sólido y experimentado para poder manejar las demandas de estos tiempos. Esto redunda en una consideración presupuestaria agresiva, ya que estos candidatos están en alta demanda con una oferta limitada. Es decir, a diferencia de los puestos de administración o de finanzas y los de recursos humanos, la tecnología sigue siendo un campo emergente en el que el grupo de candidatos es algo escueto.

La brecha de habilidades persiste. Las empresas lamentan la falta de candidatos cualificados. Las carreras cortas siguen en aumento y disminuyen los estudiantes en las carreras especializadas. Experimentamos cómo los posibles empleados se quejan de que los requisitos laborales son demasiado estrictos o específicos. En muchos casos, hemos realizado los ajustes correspondientes, pero continuamos analizando los esfuerzos adicionales que debemos implementar para reducir esta brecha. Como parte de nuestros esfuerzos y de forma prospectiva, estamos recurriendo a fuentes e ideas de contratación no tradicionales para atraer candidatos.

Conceptos como la "renuncia silenciosa" no han desaparecido del ámbito laboral. Esto incluye la estrategia de los empleados para demostrar a sus empleadores que existen oportunidades, desfilando con mejores ofertas extendidas por otra organización, como una manera de forzar a los aumentos de sueldos. Es una práctica riesgosa, por muchas razones que tienen que ver con el resto de los trabajadores, las escalas dentro de la misma clasificación y la inteligencia emocional de la organización. Al final y a corto plazo sigue sin resolver el motivo de la insatisfacción.

Las razones por las que los empleados afirman que desean dejar sus trabajos varían. Algunas tienen que ver con situaciones financieras, otras con el deseo de flexibilidad, y finalmente, con la necesidad de recibir mayor apoyo por parte de sus empleadores. Lo cierto es que continuamos viendo organizaciones que, a pesar de estos denominadores en común, continúan operando de la manera tradicional: empresas con liderazgo piramidal o no relativo a los empleados en una estructura lineal. No descarto la realidad de que a medida que la inflación pasa factura a los sueldos, las preocupaciones financieras aumentan. Sin embargo, puedo argumentar que invertir tiempo con nuestros empleados garantiza la oportunidad de aumento de producción en la mayoría de los estudios realizados sobre operaciones que han girado su estructura.

Para el año 2025, más del 75% de los trabajadores exigirán trabajo híbrido o remoto debido a los cambios en el lugar de trabajo. Las empresas que lo implementaron durante la pandemia, confirmaron que es posible mantener la producción bajo esta modalidad. Esto nos obliga a evaluar nuestra postura o el plan de trabajo de nuestras compañías con respecto al trabajo híbrido.

En los casos de empresas donde la participación debe ser presencial, existen estudios que han validado que la flexibilidad de horario ha podido manejar de manera efectiva la satisfacción del empleado.

Uno de cada cinco candidatos a un puesto de trabajo lamenta el largo proceso de contratación. Sin mencionar que el *"ghosting"* es común en ambos lados de la ecuación. Por tanto, es importante determinar que, si el puesto es típicamente de alta rotación, unos parámetros de corroboración de competencias y proceso de entrevistas de menor tiempo serían más efectivos para la contratación de empleados.

Es necesario tener en vistas dentro de la demográfica laboral el efecto de "el regreso silencioso", otra reacción a la inflación desmedida que obliga igualmente a la población "retirada" a tener que regresar. Las tasas de inflación significan que un número cada vez mayor de jubilados se reincorporan a la fuerza laboral para complementar sus ingresos. Esto es una tendencia, una en la que los reclutadores debemos dar la bienvenida a los trabajadores mayores, entendiendo que, en la transición de conceptos, estos trabajadores pueden sumar una gran experiencia y traen consigo el concepto del deseo de trabajar como aportación de sus habilidades.

Las actitudes hacia los trabajadores de mayor edad suelen estar plagadas de estereotipos o falsedades. Según la Oficina de Estadísticas del Departamento del Trabajo Federal, nada podría estar más lejos de la verdad. Si un trabajador mayor permanece alrededor de cuatro años, habrá durado lo mismo que la permanencia promedio de un empleado joven (estadísticas del Dpto. del Trabajo Federal). Es probable que los trabajadores de mayor edad pasen tres veces más tiempo en una empresa que algunos de sus homólogos más jóvenes. La contratación de estos da balance al número de empleados que requiere la operación.

Aumenta la demanda por recién graduados

*E*n comparación con 2022, los empleadores contrataron más graduados universitarios en 2023 (de hecho, casi un 15% más). Las demandas de la operación y la necesidad de mayor rendimiento de las finanzas, con los retos de la inflación, hacen que se mire a la población recién graduada como alternativa de formación y adaptación con una curva de aprendizaje más corta y de mayor rendimiento por un menor salario, equiparado con poca experiencia. Hay una noción de salario emocional con la oportunidad de comenzar a adquirir experiencia por parte de los recién graduados y de acoplar nuevos recursos a la visión de la organización.

Lo cierto es que, a pesar de lo convulso de los datos en el proceso de contratación, los empleados son clave para las empresas, en particular, considerando las estadísticas más recientes sobre el promedio de retención del mercado laboral, que en estos momentos ronda entre los 3 a 5 años. Este asunto hace imperativo asegurar el rendimiento efectivo de los empleados mientras permanezcan en nuestra operación.

Si hacemos recuento de datos del mercado, lo obtenido nos obliga a enfocarnos en la contratación de recursos de alto rendimiento que nos asistan en obtener la mayor ganancia como retorno de la inversión. Para ello es importante ser más cuidadosos con la contratación: observar los términos de tiempo, considerando el tiempo de servicio en la operación y el rendimiento de ejecución sobre la tarea que se le asigne. Esto debe ser atendido con una descripción de deberes detallada y específica.

Consideraciones al momento de contratación

*E*n el proceso de la contratación se busca maximizar una relación proactiva y productiva. Es crucial contar con prácticas laborales adecuadas. En ese sentido, los siguientes son aspectos significativos al momento de realizar la contratación de los empleados.

Lo primero es tener en cuenta los horarios y la paga por hora del empleo. Las industrias son diferentes. En el caso de las aquellas como la manufactura, los restaurantes, donde existen turnos nocturnos, inclusive las instituciones médico-hospitalarias, las agencias de publicidad, y otros establecimientos cuyos horarios son extensos, es fundamental considerar las escalas del mercado según su actividad. Pensemos que los horarios extendidos y los rasgos de servicio al cliente empático son características diferentes y esenciales para muchas industrias. Hay que saber que el salario mínimo federal es un marco de referencia y no significa un punto de partida. Aunque existen muchas empresas cuya primera opción es el pago mínimo federal por hora de trabajo (en el caso de empleos de primera línea o de labores con menos requisitos), se recomiendan beneficios marginales para compensar la diferencia. La compensación de pago mínimo no debe ser la alternativa a considerar cuando los requisitos son mayores, especializados y con necesidad de multiplicidad de responsabilidades. Por ejemplo y lo más típico: un recurso para atender la recepción, que pueda canalizar correctamente las llamadas, manejar la correspondencia, brindar servicio al cliente, que sea totalmente bilingüe y que maneje proficientemente las aplicaciones de Microsoft Word y Outlook. Este requisito comprende seis destrezas y se debe tener presente que las consideraciones salariales tienen que estar a la par de las expectativas del puesto.

En el caso de los horarios extendidos, es importante determinar los períodos asignados de recesos y cómo puede afectar las escalas. En el caso de las empresas que trabajan largas horas se requieren ajustes en los salarios para que sean más competitivos y también como medida de retención. Una buena práctica sigue siendo la paga diferencial por turno. Otra que ha tenido buena acogida es la de rotar los horarios. Por encima de las escalas salariales también se revisan las consideraciones de tiempo de calidad, donde se pueden complementar las alternativas de trabajo hibrido y tiempo libre.

Es preferible gestionar contratos por escrito. Estos debieran incluir el título del puesto, la paga, fecha de comienzo, duración del periodo probatorio y la firma del candidato, aceptando la contratación. Al comenzar sus funciones es recomendable repasar los deberes de los empleados y preferiblemente ofrecer una descripción de puesto. En establecimientos de nuevo comienzo es saludable listar las funciones que son esenciales para el funcionamiento del negocio y documentarlas. Estas deben revisarse conforme continúen evolucionando los deberes de los empleados. Es necesario que los empleadores o la parte contratante pueda proporcionar un desglose claro de las responsabilidades en un documento separado y hacer referencia a la obligación del empleado de cumplir con esos deberes. La gestión más saludable sobre la descripción de deberes es repasarlas con los empleados y acordar las alternativas que más aplican y que benefician la operación. Un contrato de empleo es un acuerdo de interés mutuo que es también la base de una relación de negocio saludable. De cualquier manera, es igualmente importante revisar los deberes de cada puesto con los empleados para asegurarse de que tengan una comprensión completa de las expectativas que se tiene de ellos, así como de lo que puede esperar de la empresa.

Existen unas consideraciones muy particulares en torno a las cláusulas de no competencia en algunos contratos de empleo relativo a puestos de ventas, promoción o representantes de productos en general. Por tanto, sugiero que en este caso se consulte a un abogado laboral. Hay unas cláusulas que se pueden incluir para ayudar a proteger a las empresas. Existen opiniones legales al respecto sobre el interés comercial que pueda tener el empleador y su justificación para incluirlas en la contratación de empleados. Cualquier ambigüedad en ese sentido terminaría anulando el interés de ambos.

Es necesario que los dueños de negocios tengan un buen entendimiento de las leyes que rodean los términos y las cláusulas de la contratación de empleados, particularmente las de regulación comercial. Estas leyes protegen el negocio, pero también aseguran una situación justa para el trabajador. Cabe señalar que un empleado (en Puerto Rico y otras jurisdicciones) no es lo mismo que un contratista independiente. Ciertamente para el contratista independiente que NO es un empleado debe existir otro tipo de contrato.

Al conocer y respetar estos aspectos de los acuerdos, los empleadores pueden facilitar contratos justos y efectivos. A su vez, esto puede ayudar a crear y mantener relaciones de trabajo saludables y fructíferas.

La selección final de los candidatos puede tramitarse a través del sistema electrónico. Esto es un trámite que asiste al proceso de forma objetiva y, como hemos mencionado anteriormente, el propio sistema ha tratado la acumulación de datos necesaria para validar que se pueda procesar la contratación. Una recomendación saludable es que al llegar a esta etapa se repase la solicitud de empleo que se radicó en sistema. Los comunicados con candidatos, las pruebas, y los comentarios de reuniones debieran estar todos contenidos allí. Finalmente, por el mismo medio se puede enviar la oferta de empleo que en principio también funge como contrato laboral.

En Puerto Rico, los tratos pueden ser verbales. Sin embargo, es recomendable la práctica de formalizar un contrato por escrito con las personas que haya de emplear desde el momento en que aceptan la oferta. En particular, discutir y acordar con el recurso fecha de comienzo y efectividad de los beneficios. Lamentablemente, en tiempos recientes, la peor encrucijada con la carta de oferta es la modalidad de tomarla y utilizarla para solicitarle a su actual empleador una contraoferta de su salario actual. Los resultados para los empleadores que acceden a esta gestión son incómodos y generan descontento al resto del personal del departamento, obligando a tener que hacer eventualmente una revisión de todos los salarios.

Podemos confiar en los resultados finales dentro del sistema electrónico porque hacen una referencia contra el mayor número de resultados acumulados y procedimientos completados. Tal y como ha operado el sistema, los resultados más altos son los que culminan en la recomendación de los candidatos, es decir, los candidatos que mejor hayan resultado en todos los renglones del proceso de reclutamiento son los que pasan a la etapa final. (Laumer et al., 2015).

Son muchas las empresas que confían en sistemas integrados con procesos de manejo de candidatos para la tarea de racionalizar la adquisición de talento y la gestión de validación de competencias de los candidatos disponibles en el mercado. Téngase en cuenta que toda esta información termina formando parte del expediente del recurso una vez que pasa a ser empleado.

En conclusión, el sistema de reclutamiento electrónico tiene la capacidad de iniciar una solicitud de puesto, contratar, y traer a bordo a trabajadores. Al eliminar la entrada manual, automáticamente se reducen las posibilidades de errores humanos en los informes. Además, se obtiene un sistema automatizado que mejora aún más el proceso interno (Laumer et al., 2015).

En esta etapa, todos los modelos de contratación apuntan que se demora entre 22 a 30 días, en casos comunes. Este lapso es típico de los casos en donde los procesos avanzan sin ningún inconveniente y todo marcha como ha sido programado. Luego de la contratación, en el caso de recursos pasivos (aquellos que están activamente trabajando) puede transcurrir cerca de dos semanas adicionales. Son las típicas dos semanas según la ética de negocios en donde el empleado hace la notificación y concede un tiempo "razonable" para poder asistir en la transición de una sustitución.

En ocasiones sucede que se presentan circunstancias que dilatan la decisión y no se puede concretar la contratación. Uno de estos temas es poder llegar a un acuerdo sobre la escala salarial, o de los beneficios, o en el último análisis financiero si es propio seleccionar a un recurso para el último trimestre del mes. Esta falta de decisión va en detrimento de todo el proceso. No ofrecer el salario justo después del proceso de reclutamiento y selección de personal es uno de los problemas que más frecuentemente afrontamos. Por tanto, es siempre recomendable entender cómo se marca la escala salarial en el mercado para la vacante. Una revisión del mercado es una gestión fácil y útil para el proceso. Existen varias plataformas disponibles y sin costo que ayudan a recoger el promedio de los salarios de trabajadores en Puerto Rico y otras partes de los Estados Unidos. A la información se puede acceder por Estado y cuidad. Esto ayuda a tener una idea clara y real de las expectativas de salario de cualquier candidato y de cómo está marcado en el mercado.

Lo que he podido apreciar en algunas organizaciones es que no siempre hay una revisión de salarios que sea consistente al mercado. Esto representa un reto con el *branding* de la empresa, particularmente a la hora de capturar nuevos recursos. Si la escala salarial del mercado no se encuentra dentro de los márgenes de la empresa, entonces se deben considerar alternativas para estimular el interés del candidato. El reto para Recursos Humanos es poder fijar una revisión de planes de compensación a tono con la situación actual del mercado.

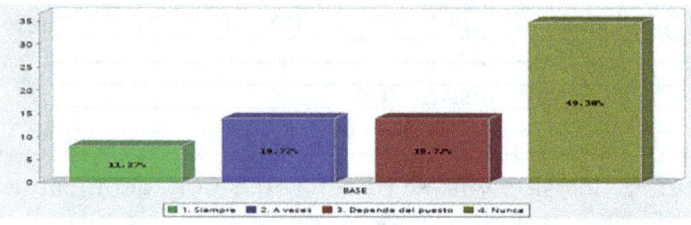

	Respuesta	Total	Porcentaje
1.	Siempre	8	11.27%
2.	A veces	14	19.72%
3.	Depende del puesto	14	19.72%
4.	Nunca	35	49.30%

Encuesta de tesis doctoral Estudio Comparativo de los Nuevos
Modelos del Proceso de Reclutamiento

Los estudios en Puerto Rico demostraron que más del
80% de los reclutadores intervienen con el candidato fuera
de la herramienta. El hecho de separarse de la herramienta
denota seguridad y madurez por parte de especialistas
en recursos humanos, confianza en el conocimiento de
las necesidades de la operación y la capacidad de poder
capturar el recurso adecuado. En esta etapa se toman en
cuenta la cultura organizacional de la empresa y la sensatez
de juicio de la sabiduría de los especialistas acerca de la
necesidad muy particular de la división para la cual se
está reclutando. Esta noción de experiencia adquirida fue
fundamental para el estudio. En Puerto Rico, la selección
depende de la experiencia y la confianza con la que el
reclutador trabaja y que entiende que está por encima de
la confirmación que pueda hacer el sistema. En la práctica,
se presume que se ha desarrollado una madurez acerca
del proceso al que yo le llamo "peritaje cognitivo" y que
a su vez les permite a recursos humanos poder distinguir
entre un candidato y una preselección. Entonces cabe la
posibilidad de que se haya realizado una gestión bajo la
confianza de los años que nos da la experiencia. Por tanto,

y según el estudio, la mayor ventaja en estos casos radica en poder complementar los esfuerzos entre los conocimientos adquiridos y la efectividad de la herramienta.

La experiencia de los expertos en reclutamiento y selección es importante para complementar la gestión automatizada de las plataformas electrónicas. El proceso es verdaderamente objetivo. La experiencia de los reclutadores experimentados complementa un proceso de selección basado en la acumulación correcta de requisitos. La intervención del especialista es más fácil para confirmar si el recurso seleccionado cumple con la cultura organizacional y reúne los valores que rigen a la empresa. Recordemos que la herramienta todavía no puede identificar algunos aspectos intrínsecos de los candidatos. Existe una sagacidad muy particular que desarrollamos con los años de experiencia.

Retención

FACTORES EXTERNOS

o La tasa de rotación promedio anual en los EU es del 47.2%, según la Oficina de Estadísticas Laborales. Esa tasa ha aumentado constantemente desde el 2014, entonces era del 40.3%. (www.zippia.com/advice/employee-turnover-statistics/, feb. 2023).

o En enero de 2022, la antigüedad media de los empleados para los hombres era de 4.3 años. Para las mujeres, la mediana de antigüedad fue de 3.8 años. Esto según datos del Departamento del Trabajo Federal en enero de 2022.

o Estamos ante una época de cambios y muchos nos preguntamos: ¿cómo podemos liderar con empatía en esta nueva era?

o El panorama económico y social en constante variación ha llevado a tener que hacer modificaciones en nuestras finanzas y las operaciones. Los cambios en las organizaciones son dinámicos y afectan la manera en la que se maneja a los empleados.

o Estudios demuestran que (en mi opinión, muy lamentable), en estos tiempos existen operaciones con *estilos reactivos* y con *estilos piramidales*.

o Los *estilos reactivos* son aquellos que responden estrictamente a la situación o al problema. Consideran únicamente la resolución del planteamiento. No toman en cuenta las opciones como alternativas a considerar en caso de que la situación se repita.

o Los *estilos piramidales* en las organizaciones están constituidos por la gerencia que dirige al nivel inferior. Promueve una gerencia de dirección basado en la instrucción y no necesariamente considera la opinión de sus empleados.

Al igual que muchos, siempre me hago la misma pregunta que mis estudiantes también me hacen. "¿Por qué las teorías acerca de organizaciones exitosas no se aplican en el lugar de trabajo? En mi práctica como consultora me asombro cuando veo que las empresas aplican los conceptos de la gerencia de proyectos a la producción, pero no a su mayor activo: el capital humano.

Análisis de los problemas.

*E*sta sección pretende hacer una contribución al discutir las circunstancias que verdaderamente afectan nuestro entorno laboral. Dentro de ella les comparto datos y estadísticas de distintas organizaciones, quienes se han interesado en hacer contribuciones para el mejoramiento continuo de todos. En mi opinión, es tiempo también de quitar las excusas y descartar los "clichés" de que los jóvenes de hoy día no quieren trabajar, o que la gente no tiene el mismo compromiso que antes, y tantos otros. Es necesario descartar la posición de justificación y la postura reactiva. La realidad, como señalé anteriormente, es que debemos entender que los tiempos se han modificado dramáticamente y por esto es imperativo que nuestras organizaciones abracen el cambio. Mi esperanza al compartir estos datos es que comencemos un proceso de adaptación con una actitud positiva.

Datos de las razones para considerar el cambio

A continuación, 10 factores que han sido identificados por varias organizaciones, como las razones principales por las que se registra un por ciento alto de rotación:

1. Falta de crecimiento y progresión - Según un informe de Gallup, el 87% de los *millennials* compartieron que las oportunidades de crecimiento y desarrollo son uno de los factores más importantes para la satisfacción profesional. Aproximadamente el 70% de los profesionales de otras generaciones coincidieron con este sentimiento.

   Solución: Ofrezca oportunidades de crecimiento profesional o personal. Algunas empresas pueden instituir programas de desarrollo para la carrera de sus empleados. Igualmente considere auspiciar talleres, conferencias, membresías en organizaciones profesionales, programas de tutoría, opciones de capacitación (*Cross training*), mentorías laborales, y ofrecer paga por créditos para cursos profesionales.

   Algunos argumentan que no les es efectivo porque sienten que les pagan para desarrollo y luego se van. Nada más lejos de la verdad. Estos estudios han confirmado que un valor intrínseco de bondad y agradecimiento se profundiza cuando los empleadores participan de interés en el progreso de los empleados.

2. Ninguna innovación - Estudios han confirmado que para que el empleado esté motivado debe sentir que es retado. Es una condición necesaria para la satisfacción laboral. Muchos empleados anhelan contribuir a la sociedad, resolver problemas complejos e impulsar el cambio. Generar nuevas ideas y marcar el comienzo del futuro es una perspectiva tentadora y que estimula la noción de bienestar colectivo.

   Solución: Considere que la innovación es importante para retener a los empleados y seguir siendo competitivo en el panorama empresarial. Innovación no solo significa tecnología. Es saber implementar los cambios necesarios para continuar evolucionando y creciendo en el mercado. Crecer y mejorar es un proceso continuo y vital. Debemos encontrar formas y maneras de hacerlo mejor siempre. No desestime las sugerencias de su equipo de trabajo. Recordemos que son ellos los que están en el frente más a menudo que nosotros.

3. <u>Gestión ineficiente</u> - Hemos escuchado muchas veces que "los empleados no dejan las empresas, dejan a los gerentes". Esto se identifica como falta de seguimiento al crecimiento profesional y desarrollo de los recursos gerenciales. Es importante entender que, ante la ola de cambios, los gerentes adolecen de la capacidad para trabajar de manera efectiva con los empleados. Según un informe de retención de trabajadores, los empleados que califican el desempeño de su supervisor como deficiente tienen cuatro veces más probabilidades de buscar un nuevo trabajo. (TINYpulse es una herramienta que mide el compromiso de los empleados y brinda a los líderes datos procesables para ayudar a construir de forma saludable).

Solución: Es importante entender que los cambios producen cambios. Por lo tanto, es necesario proporcionar capacitación y apoyo extenso y continuo a los gerentes para desarrollar sus habilidades de liderazgo. Esta es otra gestión de ayuda al empleado. Recordemos que los supervisores también son empleados.

4. <u>Compensación inadecuada</u> - La remuneración es una de las principales causas de la rotación de empleados. Un estudio de Paychex reveló que el 70% de los encuestados dejaría su trabajo debido a un salario bajo. En otro artículo de Forbes, el empleado promedio puede esperar un aumento anual del 3% si permanece en la misma empresa, en comparación con un aumento salarial del 10% hasta un 20% si cambia de organización.

Solución: Realice revisiones periódicas de compensación para garantizar que su salario y beneficios sean consistentes con los estándares de la industria y comparables a los de la competencia. Si hubiera una preocupación de presupuesto ante los retos económicos actuales, considere incentivos de producción. Esto alienta la producción y/o servicio y los empleados ven al final una gratificación inmediata.

5. <u>Ausencia de bienestar</u> - Estudios demuestran que es sumamente importante el bienestar físico. En otros estudios, una abrumadora mayoría (87% de los trabajadores) estaría de acuerdo con que su empleador actual les ofreciera beneficios en un espacio de trabajo más saludable, con opciones que van desde salas de bienestar, beneficios de acondicionamiento físico, opciones de almuerzos saludables y asientos ergonómicos.

Solución: Es más fácil en los lugares de trabajo más pequeños. No es necesario remodelar la oficina. Planifique actividades continuas de formación de equipos (algunas formales, otras informales), como reuniones para romper el hielo, comidas en equipo y juegos grupales. Aunque la responsabilidad principal es la labor, recordemos que invertimos de 8 a 10 horas juntos diariamente. Las experiencias donde el empleado comparte con sus colegas contribuyen al bienestar colectivo y aumenta el compromiso y por ende la lealtad.

6. <u>Acontecimientos de la vida</u> - Este factor tiene que ver con la disposición a tener empatía con situaciones difíciles que atraviesa el empleado, lo que sucede con más frecuencia de lo que imaginamos. Madres solteras sin apoyo para el cuido de sus hijos y empleados que se ocupan del cuido de sus padres, entre las situaciones que comúnmente enfrentamos. Bajo estas circunstancias es posible que el empleado solo necesite tomarse un tiempo para descansar o desee un cambio de carrera. Continuar

trabajando mientras se atienden estas situaciones puede no ser una opción viable.

Solución: No podemos evitar los acontecimientos importantes en la vida, las que sí podemos controlar son las medidas para que su empresa sea más comprensible. Si tiene cubierto el adiestramiento cruzado, puede brindar ayuda a los empleados afectados: hacer ajustes de horario o simplemente dialogar con ellos para ver cómo puede ayudar. Es sencillo, solo requiere extender una mano amiga.

7. Reestructuración organizacional – Los cambios en la economía a nivel global han afectado el aspecto económico de muchas operaciones. Nos hemos visto obligados a realizar reestructuraciones internas y operacionales. Los cambios traen sinergia y sentimiento de inestabilidad. Esta sensación es una de las principales razones de rotación involuntaria. Condiciones como cambios de liderazgo, venta o fusión organizacional, dificultades financieras, eventos globales o modificaciones en la empresa, podrían hasta provocar despidos o separación voluntaria. El empleado se enfrenta con una sensación de incertidumbre. Ante estas situaciones, la regla de oro es que siempre resulta saludable notificar a los empleados. No necesita compartir estados financieros, sino notificar los eventos según su determinada secuencia. En casos extremos de cierres, existen unas consideraciones legales sobre cómo llevar a cabo el proceso de notificación al empleado.

Solución: – Mantengamos siempre el trato humano y los canales de comunicación abiertos. Ante situaciones difíciles o de cambio, considere aliviar la incertidumbre con información sobre la situación. Esto le permite al empleado poder prepararse según sea necesario.

8. Entorno de trabajo inflexible: Según una encuesta reciente de Flexjobs (empresa de contratación temporera de los EU), el 82% de los encuestados afirmó que se

sentirían más obligados a quedarse con un empleador que ofreciera acuerdos de trabajo flexibles.

Solución: Existen organizaciones que no practican la modalidad remota o híbrida por un factor de confianza. De ser así, es importante saber que el nivel de satisfacción entre empleados es mayor cuando pueden trabajar de forma remota. Evite la micro gestión y el monitoreo constante de la actividad. Cuando sea posible, muestre confianza en ellos. Recuerde que nuestra mejor defensa son resultados. Los trabajadores satisfechos reportan mayor rendimiento.

9. <u>Cultura tóxica en el lugar de trabajo:</u> Este es uno de los mayores impulsores de la rotación. Crea desavenencias y malestar en el entorno laboral.

o Chisme

o Comunicación poco clara o insuficiente

o No abordar el conflicto

o Competencia hostil entre compañeros

o Sin responsabilidad ni propiedad

o Distribución desigual del trabajo

o Falta de apoyo por parte de la gerencia

o Conducta inapropiada y poco profesional

o Énfasis en el trato excesivo del castigo

o Micro gestión y reglas arbitrarias

Solución: Realice encuestas periódicamente para medir el compromiso de los empleados y el sentir del personal. Esto le ayudará a poder detectar posibles problemas. Existen varias alternativas, que están disponibles en las redes y sin costo. Haga el hábito de evaluar su ambiente laboral. Es una función necesaria, tan común como revisar las ganancias de la organización. Recuerde que su mayor activo son sus empleados.

10. El exceso de trabajo - Es una de las principales razones por las que las personas abandonan sus empleos. Una encuesta reciente de Deloitte reveló que el 77% de los encuestados experimentaban agotamiento en su trabajo actual y el 42% había dejado su trabajo por este motivo.

Solución: Mantenga un recuento saludable de la distribución de tiempo de trabajo de sus empleados. Igualmente certifique que todos hayan hecho los arreglos correspondientes para sus vacaciones. Algunas organizaciones hacen el recuento de las vacaciones para todos los empleados a principio de año, de manera que se planifica con antelación. Además, ayude activamente a los miembros del equipo a encontrar su sustitución para su tiempo libre.

Reflexión sobre la estrategia de reclutamiento y selección

Mi intención en compartir estos datos es notificar las circunstancias que nos afectan. En caso de que sintieran que algunas de estas razones están fuera de nuestro control, sepa que esto es un recuento de ellas. Por tanto, conocer los síntomas nos ayuda a determinar las posibles soluciones. Lo imperativo de estas líneas es poder atender las circunstancias que se encuentran dentro de mi círculo de control; entender que puedo aprender alternativas que promuevan un ambiente de trabajo saludable y, por consiguiente, ayuden a mejorar la retención. Igualmente importante es manejar alternativas que ayuden a aumentar los mecanismos de comunicación con los empleados. Podemos, además, instituir programas de adiestramiento y desarrollo que se practiquen de forma objetiva y que sean consistentes con las políticas institucionales. Programas de desarrollo saludables y bien documentados han demostrado consistentemente unos resultados favorables al bienestar de la organización. Recuerde que estas actividades deben estar incluidas en su Manual de Empleados.

Estamos viendo la necesidad de estilos de liderazgo más empáticos y adaptables, especialmente en tiempos de incertidumbre, cuando los empleados se sienten ajenos a las decisiones que les afectan. Para tener éxito en este nuevo clima, los líderes deben escuchar, comprender y adaptarse rápidamente a las necesidades de las personas con las que trabajamos, considerando que en general han evolucionado.

◊ Sea más transparente con su estrategia de compromiso. El compromiso de los empleados es un área tradicionalmente difícil de medir. Puede ser alentador al principio, pero sin una planificación adecuada, puede desviarse su rumbo.

◊ Hoy en día, los líderes institucionales están sujetos a un estándar más alto por parte de los empleados. Es importante entender este concepto en varios contextos, por ejemplo:

- Brecha generacional

- Experiencia en conocimientos tecnológicos

- Capacidad de dirigir

Resulta necesario aceptar que el pensamiento debe ser seguido por la acción, y las organizaciones deben proporcionar herramientas para crear un impacto tangible. La toma de decisiones basada en datos ayuda a minimizar el tiempo que transcurre entre un estímulo y la respuesta que produce. Si los empleados reaccionan más rápido que el líder del grupo ante situaciones técnicas, se genera una disparidad de percepción de ese líder que provoca un quiebre en el compromiso del empleado.

En otras palabras, fortalezca los talentos de su equipo de trabajo y garantizará que se conviertan en su mayor promotor, y por ende en los líderes del mañana. Si se tomó el tiempo en la selección del recurso es porque le vio el potencial. Los líderes efectivos no solo lideran, sino que identifican la capacidad de desarrollo de quienes los rodean. Un programa de liderazgo bien dirigido puede equipar a sus empleados con las habilidades para manejar la producción de la organización. Colabora en desarrollar la confianza necesaria para tener éxito como líderes, al tiempo que les permite a las personas sentirse conectadas con la organización. Esto también ayuda a que se asimilen los valores y objetivos de la operación. Identificarse con las metas organizacionales es necesario. Esta es la parte en que algunos empleadores y clientes me miran con ojos incrédulos. Lejos de su incredulidad he podido observar cómo año tras año cada empresa que se toma el tiempo de revisar su misión y visión organizacional, y lo implementa con sus empleados, consistentemente logra registrar mayor participación de los mismos y mejora su razón de retención. Esto no solo aumentará la calidad del conocimiento, sino que también ayuda a reducir el riesgo de fuga del talento.

Impulsados por una mayor demanda en el mercado de empleo y opciones de trabajo disponibles, los trabajadores están reexaminando para quién quieren trabajar y el papel que esperan que desempeñen los empleadores. Entiendo que puede ser confuso el planteamiento sobre ¿cómo pueden los líderes organizacionales navegar una relación de trabajador-empleador cuando esta claramente se encuentra en constante cambio? Lo que aquí se sugiere es que se fortalezca la capacidad de los recursos de la empresa y esa sea la vara con que se midan las competencias requeridas de los recursos externos a contratar.

No hay una respuesta absoluta. Existe el conocimiento pleno y la confianza de los líderes organizacionales, quienes conocen su mercado, su industria y las tendencias. Necesitamos continuar educándonos y repasar las nuevas tendencias del mercado laboral dentro de nuestro sector. En general, ante ellas es necesario implementar nuevas alternativas a considerar cuando trabajamos con capital humano. En la relación trabajador-empleador será de mucha ayuda para los líderes el poder pasar de la planificación para lo conocido a la planificación para lo desconocido.

Entre los líderes organizacionales que tengo el privilegio de estudiar, se encuentra Chetan Jain, líder de transformación de recursos humanos de *Deloitte Global* y Beth Boettcher, vicepresidente senior de gestión de capital humano de *Oracle*.

Chetan Jain es director de *Deloitte Consulting* LLP y dirige la práctica de consultoría de transformación de recursos humanos de Oracle a nivel mundial y en los Estados Unidos. En este cargo, es responsable del talento y las estrategias comerciales, de la gestión de operaciones y de permanecer activo en el mercado brindando servicios de consultoría. A lo largo de sus 25 años de carrera, Jain ha trabajado con muchas de las organizaciones líderes del mundo en múltiples industrias con sus iniciativas de transformación de recursos humanos, y es un orador frecuente sobre cómo las fuerzas y las disrupciones del mercado están impactando a la organización de estos recursos.

Ambos condujeron un estudio que luego compartieron en una presentación datada en 2021. Allí discuten las perspectivas de desarrollo de nuevas estrategias organizacionales. Es un informe especial, donde está incluida la manera en la que las organizaciones pueden atender a sus empleados para prosperar sin importar lo que pase, o la forma en que se manifiesta el futuro en su organización, confirmando que debemos planificar incluso para lo inesperado. No estoy sugiriendo lanzarse a lo desconocido, pero sí a entender los cambios inevitables del mercado laboral.

El programa (que se encuentra a disposición del público general en la plataforma de YouTube) se llama *"Trends and Disruptors in HR Technology"*, y discute cómo los participantes aprenden a comprender el impacto de las tendencias del mercado y el panorama actual de las relaciones entre trabajadores y empleadores. No es difícil, y como todo cambio, lo más importante es tener la disposición de aceptar que este es inminente y requiere adaptación.

Debo insistir en el lema de Einstein: "La locura es hacer lo mismo una y otra vez y esperar resultados diferentes". Los cambios externos en esta ocasión son varios y muy seguidos en espacio y tiempo. No abrazar el nuevo panorama y resistirse a aprender otras modalidades y estilos de supervisión, resulta en las pérdidas que ya hemos mencionado.

Es necesario realizar el cambio y movernos en la dirección de las nuevas tendencias. Solo así logramos prosperar en el mundo actual de disrupción perpetua. Se precisa considerar el rediseño del trabajo para lograr resultados internos que estimulen a su vez resultados comerciales; esto requiere tener en cuenta el trabajo digital fluido que se encuentra centrado en factores clave, los cuales impulsan una excelente experiencia de la fuerza laboral.

En adición a estar familiarizado con su industria, haga un recorrido de los ambientes laborales específicos de su área, de cómo se pueden aplicar las tecnologías, las nuevas herramientas y las normas para beneficiar la relación trabajador-empleador. Una vez familiarizados, regrese con su equipo de trabajo y repase la información, modifique sus descripciones de puesto, manuales y diseño organizacional atemperándolos a los cambios.

Experiencia aplicada

No debe pensar que hacer cambios siempre significa gasto. Existen ocasiones donde habiendo analizado el proceso y revisado los procedimientos, se descubre que aplicar pequeñas variaciones hace una diferencia sustancial.

En estos tiempos, enfocarse en desarrollar a sus recursos internos es la mejor decisión. Para empezar, son los que han elegido permanecer, esto ya es un paso gigante de compromiso y retención.

No se niegue la oportunidad de implementar cambios en común acuerdo con sus recursos. Le sorprenderá cuanto tienen que ofrecer y desean aportar.

Comparta su inquietud con su personal de recursos humanos, y juntos identifiquen cuáles son las áreas que requieren mayor atención en la organización. Luego preparen un plan de trabajo. Recuerde que Roma tomó tiempo en formarse.

Al final y si en algo le ha servido leer acerca de la experiencia, compártalo con su equipo de trabajo y permítales a ellos conocer a un líder dispuesto a aprender nuevas formas. Le aseguro que en la medida que conozcan su apertura, estarán mejor identificados con la experiencia del progreso de la organización.

REFERENCIAS

An HR Practitioner's Guide to Quiet Quitting: Meaning, Causes, and Technology Solutions, 4 de abril, 2023. Recuperado de:

www.techfunnel.com/hr-tech/an-hr-practitioners-guide-to-quiet-quitting-meaning-causes-and-technology-solutions/

14 Causes & Reasons for Employee Turnover in 2023, May 01, 2023.

https://teambuilding.com/blog/employee-turnover

2023 Global Human Capital Trends. Deloitte's 2023 Global Human Capital Trends survey.

www.deloitte.com/us/en/insights/focus/human-capital-trends

González, Lorè, Tesis Doctoral: Estudio Comparativo: Los Nuevos Modelos Electrónicos en el Proceso de Reclutamiento de Recursos Humanos, mayo 2022.

"How to hire employees effectively" (05/01/2002). *Management Research News: Communication of Emergent International Management Research. Emerald Publishing Limited.* Recuperado de:

https://www.emerald.com/insight/content/doi/10.1108/01409170210783197/full/html

Kelly, R. (28 de febrero de 2018). *The top 100 applicant tracking systems in 2018. The Magnet.* Recuperado de:

https://blog.ongig.com/recruiting-software/top-100-applicant-tracking-systems-in-2018

Laumer, S., Maier, C., & Eckhardt, A. (2014). *The impact of human resources information systems and business process management implementations on recruiting process performance: A case study.*

Laumer, S. Maier, C., & Eckhardt, A. (2015). *The impact of business process management and applicant tracking systems on recruiting process performance: an empirical study. Journal of Business Economics,* 85(4), 421-453.

https://doi.org/10.1007/s11573-014-0758-9

LinkedIn. (s.f.). Recuperado de

https://pr.linkedin.com/jobs/automatizacion-empleos-puerto-rico

Módulos informativos que ofrece la Sociedad para la Gerencia de Recursos Humanos, capítulo de Puerto Rico.

Mostyn, S. (2017). *Recruiting 101. The fundamental of being a great recruiter.*

Phillips, J. M, & Gully, S. M (2015) *Applicant tracking systems. En Strategic staffing* (3a ed., 373-374).

Phillips, J. M, & Gully, S. M (2015). *Making changes to the firms' business strategy-and staffing. En Strategic Staffing* (3a ed., 29)

Rewriting the rules for the digital age - 2017 Deloitte Global Human Capital Trends. Recuperado de:

www2.deloitte.com/us/en/pages/human-capital/topics/human-capital-topics.html.

Rynes, S. L, & Cable, D. M. (2003). *Recruitment research in the twenty-first century.* In W. Borman & D. R. Ilgen, (Eds.), *Handbook of psychology: Industrial and organizational psychology* (vol. 12, pp. 55-77). New York: Wiley.

Schiff, F (July 2006) *Business models of news web sites: A survey of empirical trends and expert opinion: Special Issue,* Recuperado de:

https://firstmonday.org/ojs/index.php/fm/article/view/1061/981

Smithson, E., (14 de octubre de 2015). *What Is Branding and Why Is It Important for Your Business?* [Mensaje en un blog]. *Brandingmag Narrating the discussion.* Recuperado de:

https://www.brandingmag.com/2015/10/14/what-is-branding-and-why-is-it-important-for-your-business/

Snell, A (2007). *Applying six-sigma principles to corporate staffing departments.* Recuperado de:

https://www.taleo.com/research/articles/strategic/applying-six-sigma-principles-corporate-staffing-32html

Taylor, J (2019, 31 de julio al 02 de agosto). [Discursos sobre avances de tecnología], *Shift Embracing Agility.* 2019 conferencia anual para la Gerencia de Recursos Humanos, Capítulo de PR, Fajardo, PR.

Turnover Rate: Good, Bad and Trends – Credit Donkey. Junio 13, 2022. Recuperado de:

www.creditdonkey.com › average-turnover-rate Average

The Worker-Employer Relationship Is Evolving. February 2022,

www.shrm.org/learningandcareer/learning/webcasts

Wilson, D. (14 de abril, 2020). *10 Trends That Will Shape Recruitment in 2021.* Revista virtual: Toolbox HR. Recuperado de:

https://www.toolbox.com/hr/recruitment-onboarding/guest-article/10-trends-that-will-shape-recruitment-in-2021/

Zemke, R., Raines, C., & Filipczak, B. (2013). *Generations at work: Managing the clash of Boomers, Gen Xers, and Gen Yers in the workplace.*

SOBRE LA AUTORA

Lorè González promueve la educación sobre las mejores prácticas de administración de personal brindando charlas, seminarios y educando al público en general.

Es consultora de recursos humanos y cuenta con más de 20 años en el campo de los recursos humanos en las disciplinas de desarrollo organizacional, reclutamiento y selección.

Posee un doctorado en Desarrollo Empresarial y Gerencial con especialidad en Recursos Humanos de la Universidad Interamericana, Recinto Metropolitano

Es consultora para pequeñas y medianas empresas en la implementación de prácticas laborales efectivas y productivas.

Es conferenciante en temas relacionados a recursos humanos para entidades gubernamentales y bancarias

Desde el 2016 imparte clases en la Universidad de Puerto Rico del recinto de Bayamón, en temas tales como: Reclutamiento y Selección; Gerencia en RH; Compensación y Beneficios; Gerencia Estratégica; Conducta Organizacional y Gerencia de los RH .

VP de Desarrollo de Negocio para una compañía de reclutamiento ejecutivo.

Profesora de la Universidad de Puerto Rico, recinto de Bayamón, donde ofrece cursos de Administración de Empresas en los temas de Gerencia Estratégica, Ética

Comercial, Comportamiento Organizacional, Gerencia de RH y Compensación y Beneficios.

Complementa su labor en la práctica de consultoría para la administración de RH y mejores prácticas laborales de pequeños comerciantes.

Ha colaborado con varias organizaciones gubernamentales y privadas en los procesos de desarrollo empresarial y organizacional.

Promueve adiestramientos en los temas de procesos de entrevista, redacción de resumes y portafolios en distintas entidades universitarias.

Actualmente cuenta con 20 años de experiencia en el área de reclutamiento y selección y sobre 15 años en las áreas de contratación de empleo.

Ha colaborado con varias organizaciones en los procesos de desarrollo empresarial y organizacional. Colabora con empresarios de pequeñas y medianas empresas en las áreas de: Reclutamiento; Cumplimiento de las mejores prácticas laborales.

Posee una certificación de RH de *Successful Management School*

Esta certificada como adiestradora de los 7 Hábitos de Personas Altamente Efectivas con Franklin Covey.

Es miembro activo de La Sociedad para la Gerencia de RH capítulo de PR.

Desarrollo y rendimiento de las operaciones a través de Capital Humano y desarrollo Organizacional a través de adiestramientos.

Ha realizado investigaciones sobre:

- Los modelos de reclutamiento electrónicos
- Servicio al Cliente en los ambientes laborales de restaurantes

- La contribución de la función de recursos humanos en evaluaciones 360

- Derechos de las empleadas domésticas del estado de NY

- Retos dentro de la selección de personal – un análisis cultural entre NY y PR

www.ingramcontent.com/pod-product-compliance
Lightning Source LLC
Chambersburg PA
CBHW071059290526
45795CB00004B/1570